八王子怪談

川奈まり子

竹書房
怪談
文庫

はじめに　——八王子ご当地怪談ことはじめ——

本書『八王子怪談』は、私の一五冊目の怪談実話の単著です。今年で作家生活一〇周年になりますが、思えばここ六、七年は怪談実話ばかり書いてきました。二〇一四年に廣済堂書店から上梓した『赤い地獄』という文庫本に、文字どおり八王子を舞台にした「八王子」という怖い実話の連作を書き下ろしたのがはじまりです。

子どもの頃から見聞きした故郷の不思議な出来事を素直に書いたのがよかったのかもしれません。それから急に怪談実話を発表する機会に恵まれるようになりました。

しかし自分の体験ばかり書いていてはすぐに弾切れになる恐れがありますから、最近は、第三者の体験談を軸として、怪異の周辺を取材しながら全体を構成する、ルポルタージュ的な手法を採って参りました。

従って本書を著すにあたっても、二〇二一年二月から六月にかけて、八王子で遭った怖い体験談をSNSで募集して、ご応募してくださった皆さんをインタビューした次第です。

ところが今回は、いつもどおりというわけにはいきませんでした。

それというのも、私は八王子市で育ち、家族や親戚のみならず、古い知人や友人が今も市内に暮らしているために、初心に帰らざるをえなかったのです。自ずと私自身の体験を思い返したり、家族などからも話を聴いたりすることになり、またインタビューで得た第三者の体験談についても、勝手知ったる故郷が舞台ですから、思い浮かべる景色の解像度が高すぎて他人事とは思えず、非常に生々しく感じながら書くはめになりました。

そのせいで執筆中に何度も恐怖に慄《おのの》いてしまったのですが、その甲斐あって、より現実に肉薄して感じる仕上がりになったようです。

八王子に所縁《ゆかり》がある皆さま。ここに綴られているのは、謂《い》わば、あなたの隣人が遭った怪異の数々です。

そして、今はまだ当地との縁が薄いという皆さま。本書をきっかけとしてこの街に興味を持っていただけましたら、出身の作家としてたいへん嬉しく存じます。

昨今は、いわゆる「ご当地怪談」を好まれる向きも多いと聞きます。

かくいう私も地域色豊かな怪談集が大好きです。そこで取材対象者が特定されないように配慮しつつ、常識が赦《ゆる》す範囲で地名などを記し、関連する事柄《ことがら》の解説も巻末に付けましたので、是非「ご当地」好きな方は参照してください。

――では、皆さん。怪異と不思議の桑都《そうと》・八王子の旅へ、いざ共に参りましょう。

目次

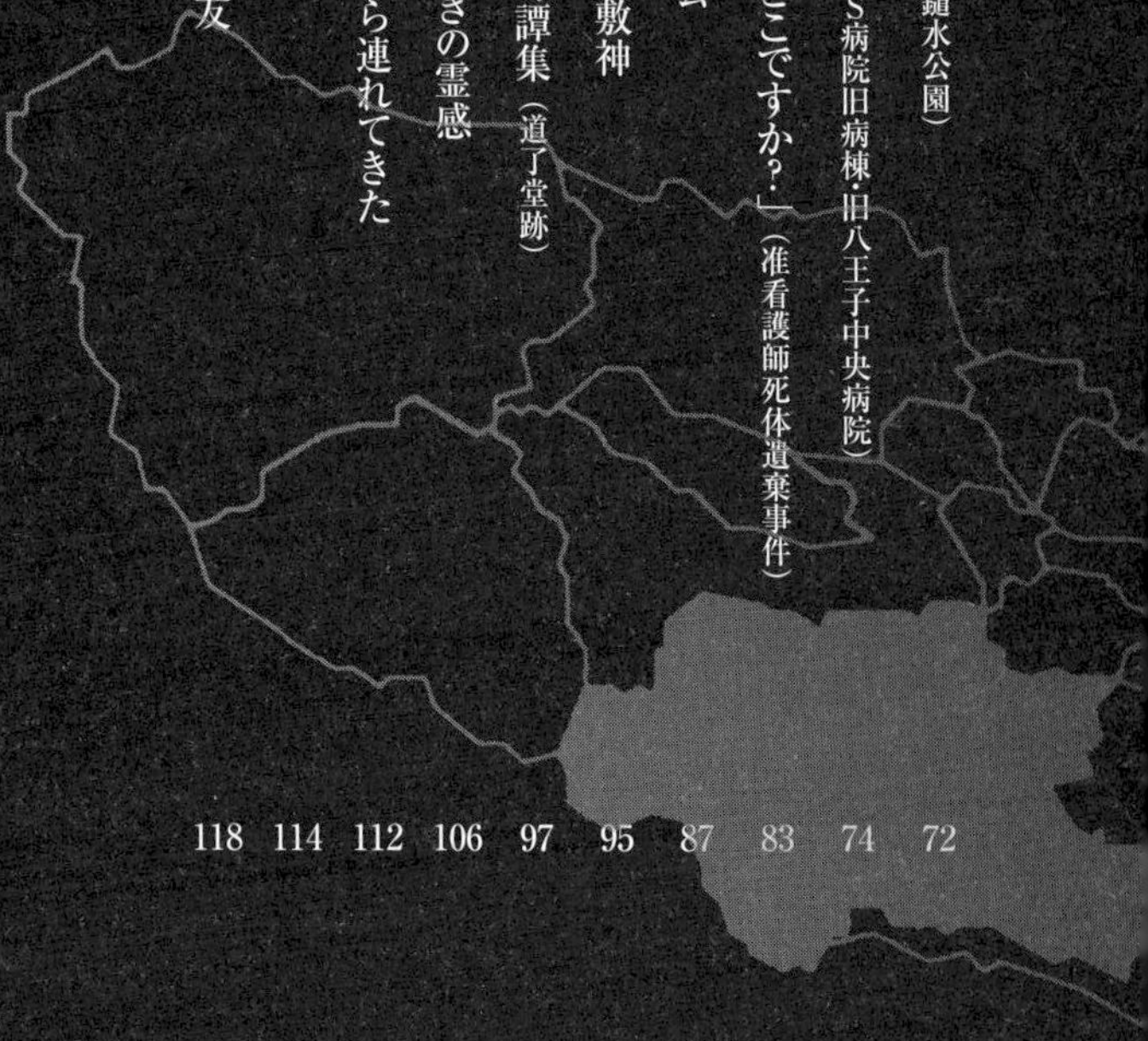

八王子市

東京都心から西へ40分、多摩地域に位置する人口約58万人の中核市。ロマン溢れる中世の城跡や風光明媚な高尾山など観光資源に恵まれつつ、都内随一の学園都市としても名高い。また古くは宿場町、桑都と呼ばれた絹織物の一大産地でもあった。そして、その長い歴史ゆえか……東京最恐を誇る心霊現象多発地帯としても知られる。

白装束の人々（高尾みころも霊堂）

高尾山《たかおさん》は関東三大本山のひとつである高尾山薬王院《やくおういん》を有する霊峰《れいほう》で、周囲にも社寺をはじめとした宗教施設や霊園が集中している。また、風光明媚な観光地でもあり、四季を通じて参拝客や観光客が大勢訪れる。

そんな高尾山の麓《ふもと》にも住宅地があると言ったら、意外に思われるだろうか。

しかし実は、観光ルートから少し逸れると、家々に商店やスーパーマーケットが混在する町が広がっている。公立の教育機関も充実しており、子育てにも適した住みよい所だ。

ふつうの町と少し違うのは、寺や神社、慰霊塔や石仏といった宗教的なモニュメントが生活圏のそこかしこに点在していることだろうか……。

九〇年代の初め頃、つまり今から約三〇年ぐらい前に直樹《なおき》さんが通っていた高尾の公立中学校の敷地の角には、赤い頭巾を被ったお地蔵さんと高尾霊園へ案内する矢印つきの大きな石塔が建っていた。

さらに、通学路の脇には、巨大な金色の建造物——高尾みころも霊堂がそびえていた。

高尾みころも霊堂は、過重労働による過労死や工事作業中の事故死など、労働が死の一因となった人たちの霊を慰めるために造られた一一階建ての塔で、当時の直樹さんは一種のお墓のようなものだと認識していた。年に一度の慰霊祭のときを除けば、日頃は訪れる人も少なく、金色に輝いている割には物寂しい雰囲気を漂わせていた。

幼い頃は謎めいた外観に興味を惹かれたものの、中学生にもなるとすっかり見慣れてしまって、別に何とも思わなくなっていた。

一方、彼の親友の剛《つよし》さんは、小学校を卒業するまで他所《よそ》に住んでいたので、宗教的な施設が身近にある状況に慣れておらず、なんとなく畏怖心《いふしん》を抱《いだ》くようだった。特にみころも霊堂については「気味が悪い」と言っていた。

しかし、そんな剛さんも、直樹さんや仲の良い同級生の男子が何人か集まって、霊堂のそばの丘でサバゲー（サバイバルゲーム）の真似ごとをやることになると、迷わず参加した。

直樹さんたちが中学校に入学して間もない頃から、同級生の間で、なぜかサバゲーごっこが流行《はや》りはじめた。その頃は、子どもたちがエアソフトガンでBB弾を撃ちあって遊んでも、あまりうるさく言われなかったものだ。中学校と霊堂に挟まれた丘はサバゲーのフィールドにうってつけで、すぐに直樹さんたちのたまり場と化し、声を掛け合わなくても、放課後になればここに集合するようになっていた。

そんなある日のこと。いつものように、放課後、直樹さんたちは丘の雑木林を駆けめぐってサバゲーごっこをした。季節は七月下旬、夏休みを迎える直前だった。

汗だくになって遊んでいたところ、やがて、五時を知らせる防災無線の定時チャイムが風に乗って流れてきた。おなじみの《夕やけ小やけ》のメロディだ。

まだ日は高かったが、暗黙の了解で、これが聞こえてきたら解散することになっていた。

「今日はこれで終了！」「じゃあ、また明日！」

直樹さんは丘の下でみんなと別れた。

剛さんはじめ他の友だちは全員、中学校の北や東に広がる新興住宅街に住んでいたが、直樹さんの家は正反対の南の方にあった。そちらは旧来の住人が比較的多い地域だった。

雑木林に挟まれた小径《こみち》を、彼はとぼとぼと歩きだした。草木が鬱蒼《うっそう》と繁っているぶん、夏の日中は影が濃く、小径はやけに薄暗かった。他に通る者もない。

しばらく行けば林が途切れて視界が開けるのがわかっているせいで、帰り道には、いつも自然に急ぎ足になってしまう直樹さんだった。

ほとんど駆け足で小径を辿り、たちまち霊堂の横に差し掛かった。ここから先が最も暗い辺りだ。繁茂した樹々が小径に天井を成して、陽射しを遮っているのだ。

……それにしても、今日はどういうわけか、道の先がほぼ暗闇と言っていいほど黒い影に呑まれている。

本能的な恐怖を覚えたが、思い切って暗闇に飛び込んだ。すると、一〇メートルぐらい先の正面に、突然、白く光る靄《もや》の塊《かたまり》のようなものが現れた。

初めは形が判然としなかったが、それはこちらへ近づきながらみるみる大きくなり、すぐに全身真っ白な着物に身を包んだ人間の姿を明らかにした。

白装束だ。

驚いたことに、その人の後ろにも同じ格好をした人たちが連なっていた。

「えっ？　えっ？」

焦った直樹さんは咄嗟《とっさ》に小径の端によけて、小さく屈み込んだ。

息を呑んで見守る中、白装束の行列は彼の前まで近づいてくると、先頭から順にクイッと向きを変え、一列になって丘の木立ちに入っていった。

二人、三人……一〇人、一一人……二〇人を超えたところで数えるのをやめてしまったが、五〇人以上いるかもしれない人々が、皆、押し黙って、ゆっくりと歩いていく。

しばらくすると、最後のひとりも樹々の間に消えてしまった。

――あっちには、みころも霊堂しかないじゃないか。

そう思った直後に激しい蟬《せみ》しぐれが全身を包み、行列が現れたときから今まで、一切の音が途絶えていたことに気がついた。

それと同時に、もうひとつ奇妙な点に思い至った。

つい今しがたまでしっかり見つめていたにもかかわらず、老若男女が混ぜこぜになっていた気がするだけで、行列に参加していたどの人の顔も思い出せなくなっていたのである。

翌日、直樹さんは学校の教室で、剛さんと他三人ばかりの友人に、この出来事を打ち明けた。

すると、そのうちのひとりが「俺んちの親が同じことを言ってたよ」と話しだした。

「うちのお母さんも、みころも霊堂のそばで白装束の行列とすれ違ったって。だから日が暮れてきたら、あの辺りには行っちゃいけないって言われたんだ」

今まで黙っててごめん、と謝られて、直樹さんはかえって大きく動揺した。

「直樹も見て、おまえのお母さんもそう言うんなら、もう絶対に出るってこと？」

剛さんもそう言って、怖気《おじけ》づいた顔をしてみせた。

そして皆と「あの辺りには行かない方がいいな」とうなずき合っているので、直樹さんはひそかに深く傷ついた。

――俺は「あの辺り」を通らなきゃ家に帰れないのに。

言いだせなかったひとことを腹に抱えたまま下校の時刻になってしまい、剛さんに「どうする？　いつもみたいにサバゲーする？」と訊かれた直樹さんは、首を横に振った。

「今日は真っ直ぐ帰るよ」

それからというもの、霊堂のそばでサバゲーごっこに興じる者がいなくなっただけでなく、直樹さんの家の方へ続く南の小径には、中学の友だちは誰も足を踏み入れなくなった。つまり、親友の剛さんでさえ、彼の家に遊びに来てくれなくなってしまったのである。

白装束の行列に遭遇したのは一度きりだが、直樹さんの孤独と恐怖は、その後もずっと続いた。

夢枕に立った話（富士森公園・御所水辨財天・産千代稲荷神社）

八王子には先史以前の遺跡が点在していて、古代の集落や墓の遺構も数々発掘されている。そのため、今から一〇〇〇年以上も前から、この地に住んでいたかもしれないという超旧家も、数は少ないながらも存在するわけである。

昭和四三年生まれの徹《とおる》さんは、富士森《ふじもり》公園の付近一帯に大昔から住んできた一族の出だ。八王子の歴史を見守ってきた一族であるから、代々の言い伝えも幾つかあるが、徹さんが特に今回語っておきたいと思うのは、長い時の中では比較的最近の、夢に関する話だという。

神や仏が夢の中に顕《あらわ》れて告げたことを「夢の告げ」と呼ぶ。未来を予見したり、困りごとを解決する手立てを教えてくれたりする場合が多く、徹さんの父方の祖母が見た夢の告げも、初めはそういうものだった。

その頃、徹さんの祖母は若い母親で、まだ徹さんの父は生まれておらず、当時は乳呑み児だった父の兄、つまり徹さんの伯父さんに手を焼いていた。

私も子育てをしたからだいたいわかるが、新米の母親にとって赤ん坊の世話は、運が良くて修行、悪ければ災難、下手をすると地獄である。

伯父さんは、地獄とまでは行かないが、けっこうな災難を母親にもたらしたようだ。昼夜問わずギャンギャンと泣き、特に日が暮れると夜通し泣き喚《わめ》いて、どんなに手を尽くしても泣きやまなかったのである。

今なら妻を手助けする夫も多いだろうが、昭和時代のことだ。徹さんの祖母は家人に気を遣い、泣きつづける赤ん坊を背負って、毎夜、外をさまようはめに陥った。

たかが夜泣きと侮《あなど》るなかれ。彼女は何週間もまともに眠っておらず、心身ともに疲れはてていた。あと一歩で母子心中に至りかねない、精神の崖っぷちに立っていたと思われる。

その夜、彼女は、家から目と鼻の先の富士森公園に足を踏み入れた。

富士森公園は市内最古の大きな公園で、第二次大戦直後のその当時も広場や木立ち、名前の由来でもある富士塚や富士浅間神社などを有していた。

鳥居が目に入ると、彼女が常日頃から持っていた素朴な信仰心に火が灯った。

――この子と私が助かるには、もはや神仏におすがりするしかないかもしれない。

そう思うと自然に体が動いて、気づけば最初の鳥居をくぐっていた。

ここの富士浅間神社は、富士塚の上の本殿と天皇陛下が行幸された大正殿とを有し、昔から地域の信仰を集めてきた。

しかし、そのとき彼女が向かったのは、小さな境内社の地蔵尊だった。豊川稲荷から勧請した稲荷社の隣に、ごくささやかな大きさの石のお地蔵さんが、風雨をさえぎる屋根もなく、月光を浴びて建っていた。

地蔵は子どもを守護するものだから……と、頭で考えたわけではなかった。ただ、鉄が磁石に引き寄せられるかのように近づいて、像の前の地面に膝をついた。

月明かりに照らされて、お地蔵さんは穏やかに微笑《ほほえ》んでいる。

背中の赤ん坊は、あいかわらず声を限りに泣いていた。

彼女は手を合わせて目を瞑《つむ》り、必死の思いで地蔵菩薩にお祈りした。

――どうかこの子をお守りください。私たちを正しくお導きください。

一心に拝んでいるうちに、赤ん坊の声の調子が鎮まってきて、とうとう止んだ。

そこで、また重い体を引きずって家に帰ると、すでに明け方近かったが、赤ん坊に添《そ》い乳《ちち》をしながら、蒲団に体を横たえたのだった。

すると、近頃は滅多に夢など見なくなっていたのに、久しぶりに夢を見た。

富士森公園で拝んだばかりのお地蔵さんが枕もとに立って、祠《ほこら》を建ててほしいと彼女に懇願するという夢だった。

非常に高い現実感があり、目を覚ました後もお地蔵さんの声や表情をすべて思い出せた。そして、かたわらにいる赤ん坊を見やると、すやすやと可愛らしい寝息を立てて眠っているのであった。

目覚めの気分も爽快だった。短い時間ではあったが熟睡できたお陰だろうか――いや、お地蔵さんが助けてくださったからに違いない、と彼女は確信した。

そこですぐに家人に相談して、あの地蔵尊に祠を建てるべく、行動に移したのだった。

「だから、富士森公園のお地蔵さんが納まっている祠は、祖母が寄進したものなんです」

徹さんによれば、彼の祖母は、八王子市民球場（スリーボンドスタジアム八王子）前にある御所水辨財天《ごしょみずべんざいてん》の地蔵尊にも、夢の告げで頼まれて祠を建てたそうだ。

現在の地蔵堂は二〇〇八年に建て直されたものだが、それより前の時代の記録が八王子郷土資料館に資料として残されていたのだという。

さて、そんな徹さんの祖母を夜泣きで悩ませた伯父はというと、祖母より先に鬼籍に入ってしまい、彼が高校生の頃に一三回忌の法要があった。

伯父の一三回忌法要の前夜、徹さんはこんな夢を見たという。

まず、生まれる前に亡くなったので遺影でしか顔を知らない父方の祖父が、紬《つむぎ》か何かの着物を着て忽然《こつぜん》と我が家のお茶の間に現れると、テレビの横に立った。

次いで、いかめしい顔つきで「今からおまえに我が家系を紹介する」と彼に告げた。

するとテレビの画面がパッと明るくなり、そこに大昔の服装をした人物が映し出された。

すぐに画面が切り替わり、別の人物が映る。どんどんと人が入れ替わってゆく。それぞれの名前と享年もテロップになって画面の端に記された。

「〇〇家歴代の人物じゃ」と祖父は説明した。

「うちのご先祖さまたち？」と徹さんが訊ねると、祖父は重々しくうなずいた。

人物の着ているものや髪型が次第に現代に近づいてきて、なるほどと納得しつつ見ていると、昭和時代に入ったと思しき頃に、顔面が真っ黒な上に輪郭もおぼろげな人が映った。

この人だけ享年が空欄で、名前もぼやけていて読めない。漢字二文字の名であるようだ。

「…………」

祖父が何か解説してくれるかと期待したが、あてが外れた。またすぐに次の人が映る。

そしてその次か、そのまた次あたりで、夜泣きの伯父の遺影と名前や享年が映ったかと思うと、テレビの画面が暗くなった。

「これはここまで。……他に、おまえに頼みたいことがある。こっちに来てくれ」

祖父が歩きだしたのでついていくと、いつの間にか家の外に出ていて、松姫通りを中央線の線路の方へ向かって進んでいく。

そのうち線路を越えて路地に入ってしまったから、どこまで行くのかと心配しながら尚も後に従っていったところ、知らない神社の境内でようやく立ち止まった。

「ここは産千代《うぶちよ》稲荷という神社でな。この辺のはずなんだが……。おう！　そこじゃ！」

祖父が指差した方に古めかしい井戸があった。

「この井戸に大事なものを落としてしまった。どうか拾ってもらいたい」

そう言って祖父が徹さんに深々と頭を下げた途端に、目が覚めた。


翌日は伯父の一三回忌法要で、産千代稲荷神社まで井戸を探しに行く暇がなかった。お斎《とき》の際に祖母に話しかけて、夢で見たことを打ち明けた。

すると祖母は「顔が黒くなっていて、享年がない、名前が二文字の人というのは、私の長男だよ」と目を丸くして、初めて産んだ子を生後三日で亡くしてしまったのだと語った。

父はこのことを知っていたようだが、徹さんにとっては初めて聞く話だった。

「留雄《とめお》という名前を付けたんだよ」

しみじみと祖母がつぶやくのを聞いて、徹さんは明日には必ず産千代稲荷神社を訪ねようと決めた。

生まれて三日で死んだ留雄ちゃんが実在したのだから、祖父の失くし物だって、本当に出てくるかもしれないではないか？

地図で調べると、産千代稲荷という神社が中央線の向こうの小門町に本当に存在することも確かめられた。

早起きして、祖父に連れていかれたのと同じ道順で産千代稲荷神社を目指した。

しかし、線路の向こうへ行くと、一昨日の夜に夢で見た風景と周囲の景色が明らかに違ってきた。

夢では、神社の周りは田んぼや畑で、民家はまばらだった。しかし現実には見渡す限り家々が立ち並び、産千代稲荷神社の前にはコインパーキングがあった。

産千代稲荷神社も夢の中のそれとは外観がまるで異なっており、祖父が指差した井戸は境内をくまなく探しても見つからなかった。

彼の祖父が大事なものを落としたのは、いつのことやら。

戦前だろうか？　あるいは祖父が子どもだった大正時代や昭和初期だったのかも……。

昔日を土地に呑み込ませ、町と人々は営々として移りゆく。

祟り

香穂《かほ》さんの先祖は、甲州勝沼の戦いで勤皇軍に敗北を喫した近藤勇《こんどういさみ》と新選組に率いられていた民兵で、彼女で一四代目だという。勝沼から命からがら逃れてきて、辿りついた安住の地が八王子だったというわけだ。

一族の八王子への思い入れは強く、多くの者が市内で長い時を紡いできた。

香穂さん自身も、就職や結婚という人生の岐路《きろ》に立った際も、八王子市内に留まってきた。

だから、それまで住んでいた一戸建ての賃貸住宅が老朽化して取り壊しが決まり、転居を余儀《よぎ》なくされたときも、市内で引っ越す以外の選択肢は思いつきもしなかった。

結婚して一〇年近く経ち、夫婦仲は円満で娘が二人いた。長女は小学二年生で、次女は保育園の年長組。二人とも手の掛からない年頃になってきたので、最近は、もうひとり子どもを授かりたいと考えていたところだった。

従って自ずと条件は狭《せば》められていた——市内の手頃な賃貸物件で、できれば今まで住んでいた貸し家よりも部屋数が多い方がいい。駅に近くて夫の通勤に便利で、長女の小学校の学区内であれば、さらに理想的。

――幸いすぐに良い物件が見つかった。

そこは、築二〇年ほど経っているが、完璧にリフォームされたアパートの一階の部屋だった。建物の傷《いた》みは気にならない程度で、室内は完璧にリフォームされて清潔感があった。

一階にあるのも、妊娠したときのことを考えると、かえって好ましかった。外部から侵入されやすくはあるが、大きなお腹を抱えて階段やエレベーターで上り下りする必要がないのは助かる。それに、掃き出し窓からアパートの庭に出ることができた。

今まで庭つきの家に住んでいたので、庭がなくなるのは寂しいと感じていたのだ。

内見で訪れて、玄関から室内へ入ったときに、外より室内の温度の方が明らかに低く、ドアを開けた瞬間に鳥肌が立った。妙に寒い……と思ったが、冬並みの気温が続く三月初めのことだったから、別におかしなことではなく、特に気に留めなかった。

すぐに入居を決め、娘たちの春休みとタイミングを合わせて三月下旬に引っ越した。

引っ越した翌日の未明、突然、隣で寝ていた夫が勢いよく上半身を起こしたので、香穂さんは目を覚ました。

「どうしたの？」

夫は眉《まゆ》をひそめただけで答えず、ツイッと立ちあがると部屋から出ていった。

辺りはまだ真っ暗だ。枕もとの目覚まし時計を見ると午前五時にもなっていない。

――トイレかしら。もう少し静かに起きてほしいものだわ。

香穂さんは寝直そうとした。しかし、いくらも経たず引き返してきた夫に揺り起こされた。

「何よ」と不機嫌に訊ねた。

「声がしたんだ」と妙に上ずった声で夫が答えるので、明かりを点けて顔を見ると、なんだか怯えたような表情をしていた。

「……女の子たちが会話する声だった。ここは一階だからね。近所に住む友だちが来て、窓を挟んでうちの子と話しているのかと思ったんだ」

勝手に家を抜け出して遊びに来たに違いない。その子の親が心配するだろう。そう考えると無視していられず、急いで子ども部屋へ行ってみたのだという。

ところが二人とも熟睡していて部屋に異常は見られず、念のため窓の外も見てみたが庭にも誰もいなかった。

「夢でも見たのかな?」と夫は苦笑いした。まだ納得し切っていないようで、引き攣った笑顔だったが、「そうよ。夢に決まってるじゃない」と香穂さんは笑い返した。

しかし、明くる日の夜一〇時すぎ、こんどは彼女自身が娘たちの声を聞いた。

ひとりで入浴中だった。二時間前であればみんな起きていたから少しも怪しむところがなかったが、すでに家族は三人とも蒲団《ふとん》を被って寝ているはずだった。彼女は居間のテレビを消して戸締りを確かめてから、しまい湯に浸かったのである。

気のせいではない。耳を澄ますと、やはりはっきりと聞こえる。

女の子たちの声だ。楽しそうにお喋りしている。

急いで風呂から上がって、タオルを体に巻いて子ども部屋へ行った。

ドアを開けた途端、声が止んだ。

常夜灯が娘たちの寝顔を照らし、窓のカーテンもしっかりと閉じていた。

——昨日の夫と同じだ。

そう思って寒気を覚えた。


香穂さんの妹が引っ越し祝いを持って訪ねてきたのは、その翌日の日中のことだった。

約束の時刻に表に出てみると、ちょうど妹の車がアパートの駐車場に入ってきた。

香穂さんは笑顔で近づいた。しかし、妹の表情は硬かった。険しい顔つきで車を降りてくると、アパートの建物を見て「ここは……」と、しばし絶句した。

「なんなの？」と先を促すと、ようやく口を開いて、こう述べた。

「……悪い霊のたまり場になってるよ。……建物の真下に井戸が視える。きちんと埋め立てず、お浄めもせずに井戸に被せてアパートを建てたせいで、霊道が開きっぱなしになってしまったんだと思う。それに、お姉ちゃんの部屋には手首がない女の子の霊が憑いているみたい」

香穂さんは、妹に霊感があることをよく知っていた。

「女の子の霊？　ここに来てから夫婦揃って奇妙な女の子の声を聞いたんだけど……」

「それだよ。しばらく前に、お姉ちゃんと奥多摩の方をドライブしたときのことを憶えてる？　山の中で、路肩に紺色の車が停まっているとお姉ちゃんは言ったよね？　でも、そんな車は存在しなかった。お姉ちゃんは森の奥から幼い女の子の泣き声が聞こえてくるとも言っていたけど、それも亡者の声だった。ここにいるのは、あの子だよ。……一昨年、小さな女の子ばかりが立て続けに惨殺された事件があったでしょう？　たまたま私たちは、あの事件の遺体発見現場の近くを通りかかってしまったんだよ。……お姉ちゃんが怖がると思ったから何も言わなかったけど」

香穂さんは思い出した——あれは数ヶ月前のことだ。妹とドライブに行った帰り道にそんなことがあった。

幼い女の子が次々に殺されたあの事件についてマスコミが騒いでいたのは、ほんの二年ばかり前のことだ。一時は報道が過熱していたが、次第に下火になってきた。

――思えば、下の娘は、被害者の女の子たちと同じ年頃だわ。

「私、奥多摩からここまで、幽霊を連れてきちゃったの？　どうしたらいいの？」

「あれは本来おとなしい霊だったのに、おねえちゃんに憑いてここに来たことで活発に動きまわるようになっちゃったみたい。おねえちゃんの子は、歳が近いから引っ張られる可能性があるよ。本当は今すぐ引っ越した方がいいけど、そうもいかないよね？」

「ええ。お金もないし……。引っ越さないで済む方法があったら教えて」

「写経《しゃきょう》しなよ。毎日真剣に般若心経《はんにゃしんきょう》を写経すれば、悪い霊を遠ざけられるから」

さっそく香穂さんは写経を始めたが、効き目はおぼつかなかった。

その後もたまに、幼い少女の声が子ども部屋から聞こえてきたのである。

また、嫌なことに、しばらくすると、このアパートではやけに住人の入れ替わりが激しいことにも気づいてしまった。なぜ人が居つかないのか？　理由を知りたいと思っていたところ、たまたま、今しも引っ越そうとしている住人と立ち話をする機会を得た。

話すうちに共通の知り合いがいることがわかり、信用してもらえたのは良かったが。

「……そうですか。○○さんのお友だちなんですね。だったら私の友人も同然ですから、忠告いたします」

忠告と聞いて悪い予感が胸をよぎったが、止める間もなく、その人は話しはじめた。

「あなたも出ていった方がいいですよ！　まだお子さんを作るつもりなら今すぐ。そうでなくとも、できるだけ早く。私は不動産屋に勤めていて、職業柄、人死《ひとじ》にがやたらと多かったり、事故が何度も起きたりする土地が実際に存在することを知っています。後で調べたら、ここもそうでした。この場所は子どもを死なせるんですよ！　昔から子どもの不幸が絶えなかった所です。私が住んでいた一〇年ぐらいの間でも、ここで妊娠した女性は全員流産するか死産になるか……。特に男の子は無事で済んだためしが一度もありません。まるで土地が人間を憎んで、跡取りを産ませないように仕組んでいるかのようです。怪奇現象もひっきりなしでしょう？　ご家族と一緒に早く引っ越しなさい！」

できるものならそうしたいと香穂さんは思い、この後、あらためて夫と話し合った。

しかし結局、やはりあと数年は我慢するしかないという結論に達したのだった。

一方、日が絶つほどに、女の子の声はますます頻繁に聞こえるようになってきて、家具を動かしたり歩きまわったりするような物音まで伴いはじめた。

そんな矢先に妊娠が発覚し、産婦人科で「おめでたです」と告げられた。

　すると、その日の晩に、赤ん坊らしい体つきになるまで育った胎児が子宮で死んで腐っていくという悪夢を見た。

　さらに、妊娠四ヶ月になると、新たな恐怖に見舞われた。

　お腹の子が男児だと判明したのである。

　男の子は助からないと言われたのに……。なんと不運な。

　前から男の子を欲しがっていた夫は喜んでくれたが、香穂さんは不安のあまり鬱状態に陥った。

　そんなある日、上の娘が「ママ、大丈夫？」と話しかけてきた。

　気遣《きづか》ってくれたのだと思い、ふがいない自分を情けなく感じた。そこで「ごめんね。頑張って元気を出さなくちゃね」と応えたところ、娘はふるふると首を振って、こう言った。

「ううん。ママが元気になるのは無理だよ。だって、おにいさんがバケツを持って、毎日、玄関の窓から入ってきてるでしょ？　おにいさん、バケツの中身をトイレに空けたいんだって。だんだん家の奥まで来るようになって、今日は廊下の真ん中にいたよ。あの人がトイレまで行くと、ママはきっと死んじゃうんだよ」

　玄関の横のガラス窓は嵌め殺しで、人が入れるようなものではない。

　トイレは玄関から真っ直ぐに伸びた廊下の突き当たりにある。

――女の子ではなくて、おにいさん？

妹が言ったように、やはりここは悪霊のたまり場になっているのだろうか？

娘は、目に涙を浮かべて、「ママ、死なないで」と香穂さんにしがみついた。


それから約一ヶ月後、妊娠五ヶ月目の検診で、香穂さんは医師から胎児がすでに死亡していることを告げられた。

エコー写真で見せられた赤ん坊は、すでに手足の指も生えそろい、目、鼻、口、男性器もちゃんとあった。ここまで大きく育った胎児を取り出すのは出産とあまり変わらない。

緊急入院して死児を娩出し、その後も体が快復するまで入院する必要があった。

入院中に妹がお見舞いに来てくれた。

「あまり気を落とさないで、早くよくなってね。……私ね、お姉ちゃんが入院する二週間ぐらい前に、こんな夢を見たの。お姉ちゃんがここそっくりな病室で寝ているんだけど、そこの窓をほとんど塞ぐようにして隣に廃墟が建っていて……それが、よく見るとお姉ちゃんのアパートなんだよ！　しかもその壁から白い手が無数に生えて、どれも手招きしていたの。あんな悪霊の大群に呼ばれたら敵うわけがない。だから自分を責めないでね」

香穂さんは唖然とした。最後の検診の二週間前に赤ん坊が死んでいたことは、夫と担当の医師や看護師しか知らないはずだったのだ。

そこで、妹は本当のことを言っていると直感し、強い危機感を抱いた。

——赤ん坊は助からなかったが、娘たちのために、自分だけでも生きて帰らねば。

入院したときから中断していた写経をすぐに再開し、これまで以上に魂を籠めて打ち込んだ。

すると、それから三日後の深夜に、相部屋の患者が病室の窓から落ちて亡くなった。

城跡異聞集（八王子城跡）

《零》八王子縁起

元八王子町の宗関寺《そうかんじ》は、元の名前を牛頭山神護寺《ごずさんじんごじ》といって、朱雀《すざく》天皇より扁額《へんがく》を下賜《かし》された古刹《こさつ》で、八王子の名の由来となった古文書「華厳菩薩伝説」を有している。

いわゆる八王子縁起として市のウェブサイトでも紹介されているので、地元にはご存知の方も多いと思うが、私に言わせれば、あれは一種の怪談である。

聞くところによると、八王子市内の心霊スポットは現在約二〇ヶ所もあるそうだ。

罰当たりを承知で言ってしまえば、ことの始まりからして奇怪千万だったがために、なるべくしてなったという気がする。

——では、以下に問題の八王子縁起を綴りたいと思う。

延喜《えんぎ》一三年、つまり今から一一〇〇年以上前のこと。秋の名月の晩に、妙行《みょうこう》という僧侶が、当時は深沢山《ふかざわやま》と呼ばれた、後世の八王子城山で修行に励んでいた。

妙行は、後に朱雀天皇から華厳菩薩の称号を贈られた、たいへん徳の高い学僧だった。人っ子ひとりいない夜の山中は恐ろしいものだが、日頃の修練の賜物《たまもの》で、そのときも彼は端然と岩屋で座禅を組み、心静かに読経していた。

そこへ、突如として、空が割れたかと思うほどの激しさで雷鳴が轟いた。

しかし一片の雲とてない、月の冴えた夜である。雷が鳴るわけがあろうか……。

奇妙ではあったが、妙行は動ずることなく念仏を唱えつづけた。

すると今度は一陣の風が吹きつけてきて、それと同時に、百鬼夜行の群れが暗闇から這い出してくるや、一斉に襲いかかってきた。

さしもの彼も、これには震えあがるかと思いきや、なんと、一筋も心を乱さず平然と読経を続けた。不思議なことに、魔物どもは彼に指一本触れることさえできず、たちまち散り散りになって姿を消した。

次に、頭上から巨大な蛇が、ぬるり……と、長い体を垂らしてきた。

大蛇は、太い胴で彼の体をぬるぬると包み込み、とぐろを巻いて眠りはじめた。

「目覚めよ」と妙行は大蛇を一喝した。そして頭を錫杖《しゃくじょう》でコツンと打ったところ、大蛇の姿も掻き消えてしまった。すべては幻だったのだろうか……。彼は尚も念仏を止めなかった。

やがて朝日が山の端を紫に染めはじめると、暁の光に包まれて、八人の童子を従えた神が降臨した。

「我は牛頭天王である。ここに八王子を伴って参った。我が眷属《けんぞく》は、そなたの徳の高さに感服いたした。この地に留まっていただければ、我はそなたの法を護ろう」


――この牛頭天王の申し出が、八王子の由来だと伝えられている。

現在の滋賀県にあたる近江の八王子山に生まれた神仏習合の神・八王子権現が牛頭天王の眷属である八人の王子を祀っていることなど幾つかの理由から、これには異論もある。けれども、当地で妙行というひとりの僧が八王子信仰を広めたのは事実で、そのため中世の頃から深沢山麓一帯が八王子と呼び称されるようになったのである。

こちらの縁起を知ってからというもの、八王子城跡の山頂に建っている八王子神社を訪ねると、反射的に魔物の大群や大蛇を想像してしまう。不真面目のそしりを免れないだろうが、怪談的に面白いのだから仕方がない。


さて、ここからは、このたび私のもとに寄せられた体験談を載せていこうと思う。

舞台は八王子城跡やその周辺で、多くはツイッターやメッセンジャーでご応募いただいた後に取材させてもらったが、《二》と《三》のみ、怪談イベント界隈の知人から聴いた。

ご応募いただいた方も顔見知りも分け隔てなく、なるべく脚色せずに綴った。

尚、八王子城は北条氏の山城で、豊臣勢によって攻め滅ぼされた。兵だけでなく、領内から掻き集められた農民や婦女子などを含む約三〇〇〇人以上が虐殺、あるいは自刃して、落城から三日三晩、山を流れる滝や麓の川が血潮に赤く染まったという――。

《一》ひとり増える

八〇年代や九〇年代には、八王子市や隣の多摩市、あきるの市辺りの若者が車の免許を取ると、必ず何人かで誘い合ってドライブがてらの肝試しに繰りだしたものだ。

四〇年近く前の夏、その頃、市内の私大学生だった建一《けんいち》さんは、自分を入れて計四人で八王子城跡で肝試しをした。親の車を借りて助手席に悪友を座らせ、やや強引に誘った同学年の女子を後部座席に乗せていって、城跡で悲鳴をあげてひとしきり騒いだ。

しかし肝心の幽霊は全然見かけないまま帰途についた。

ちなみに建一さんと悪友は、女の子が悲鳴をあげて抱きついてくれれば上等だと当初から思っており、その目的は果たせたから、それなりに満足していた。

女の子たちも肝試しを楽しんだと見えて、帰り道もはしゃいだようすで、すぐにおしゃべりしはじめた。

ところが甲州街道を少し行った辺りで、急に後部座席が静まり返った。

なんだろうと思って、建一さんはバックミラーを覗いて、凍りついた。

後ろの席の真ん中に、見たこともない女が座っていたのである。

両サイドの女の子たちは二人とも下を向いたまま体を硬くし、声も出せずに全身を小刻みに震わせている。

悪友が、「なんだよ、みんなして急に黙って」と言ったかと思うと、建一さんが止める間もなく後ろを向いて――絶叫した直後に、問題の女がパッと消えた。

しかし、それで終わりではなかった。

次の瞬間、建一さんは、車の斜め前に佇んでいるさっきの女とフロントガラス越しに目が合ってしまったのである。

彼は危うく交通事故を起こしかけた。

《二》追い返される

現在四二歳の恵美《えみ》さんが一九歳の頃のこと。オカルト系のムック本を読むのが好きだった彼女は、あるとき八王子城跡の噂を知って、是非訪ねてみたいと思うようになった。

真夜中になると落ち武者や自害した姫君たちの幽霊が出る、というのである。

恵美さんの家や通っていた短期大学は中央線沿線にあった。調べてみると、八王子城跡は八王子市内でも外れの高尾山に近い方で、夜中に電車で行くのは大変そうだった。

そこで、車を持っている男友だちと短大の後輩に声を掛けたところ、二人とも大喜びで誘いに乗ってくれた。

決行したのは二月の深夜。雪が降りそうな凍てつく晩に、恵美さんの家から出発した。

八王子城跡はムック本などの情報によれば「関東近郊で気軽に行ける、手頃な心霊スポット」という触れ込みだった。

しかし、深夜零時に出発して、一時間経っても到着しない。

最初のうち、三人はにぎやかにおしゃべりに興じていた。コンビニに立ち寄って使い捨てカメラやスナックを買うのも、遠足気分で楽しかった。

けれども八王子市内に入った頃から、次第に三人とも口数が減ってきた。

恵美さんは、誘った手前、気を遣って二人にあれこれ話しかけようとしたが、すでに話の種は尽きていた。

それに、本来の盛り上げ役は後輩のはずだった。いつもはとても陽気な子なのに、いつの間にか、後部座席の隅に体を縮めたきり、うんともすんとも言わなくなってしまった。

恵美さんは助手席に座っていた。後ろを振り向いて話しかけるのだが、後輩のようすはいよいよおかしくなるばかりだった。恵美さんの真後ろでドアに体をすり寄せるようにして座っているなと思っていたら、とうとうギュッと目を閉じてしまった。

車に酔って、気分が悪くなったのだろうか。吐き気をこらえているのかもしれない……。

「もうすぐ着くよ。駐車場にトイレがあるみたいだから、あと少しの我慢だよ」

声を掛けても返事がなかったが、ともあれ、八王子城跡の駐車場に着いた。ちなみに今では午後五時以降の利用が禁じられているが、その頃は何時でも駐車可能だった。

男友だちが車を停めると、後輩は待ちかねたように後部座席のドアを開けて外に飛び出した。だからてっきりトイレに駆け込むのかと思いきや、トイレとは反対方向に走っていくではないか。

「どうしたの？　待って！」

恵美さんと男友だちは、慌てて後輩を追いかけた。

追いついて立ち止まらせると、夜目にも真っ青な顔をしているのがわかった。

重ねて「どうしたの？」と訊ねると、後輩は怯えきった目つきで今降りてきた車の方を見つめた。

「私の横の……運転席の後ろの席に、どこから乗ってきたかわからないんだけど、気がついたら髪の長い女の人が座っていて……私の方を振り向いて、ニューッと顔を突き出してきたの。鼻先がくっつくんじゃないかと思うほど間近に顔を寄せてきて私の目を覗き込もうとするから」

——生きた心地がしなかったというのである。

それでも、買ってきた飲み物を飲んで駐車場で少し休むうちに、後輩は生来の明るさを少し取り戻して「来たからには予定通り中へ入りましょう」と恵美さんに言った。

無理をしているのではないかと思い、ちょっと痛々しい気がしたが、男友だちも同意見だったので、計画通り八王子城跡を探検すべく、まずは出入り口に三人並んで立った。

そのとき、後輩が来る途中で買った使い捨てカメラを取り出した。

「記念撮影しません？」

「そうだね！　でも、その前にこの辺の景色も撮っておこう」

わかりました、と、後輩は出入り口の方へレンズを向けてカメラを構え、ファインダーに片目を押し当てた。

途端に甲高い悲鳴を上げて、彼女はカメラを地面に放り出した。

「目が……目が合った！　向こうからこっちを覗き込んでた！」

真正面に誰かがいて使い捨てカメラのレンズを覗き込んでおり、その人とファインダー越しに目が合ったというのだ。

ありえない話だが、後輩は本気で怖がっており、恵美さんたちも震えあがってしまった。

「もう無理！　帰ろう」

三人でしがみつき合いつつ、車の方へ戻りかけた。

そのとき、五〇メートルほど離れた駐車場の隅の電信柱が目に留まった。

何かが奇妙だから、視界に入った瞬間に違和感を覚えて、無意識に注目したのである。

よく見ると、電信柱の下の方に白い靄《もや》があった。

地面から湧き出てきたようだ。どんどん大きくなる。

すぐに人間ぐらいの大きさになった。人にしては衣装のシルエットが変だ……。

「ねえ、なんか、あそこに」と恵美さんがそっちを指差しながら、後輩たちに話しかけた。

すると、彼女の声に応じたかのように、その白い靄がこちらへ向かって移動しはじめた。

接近するにつれ、形がますますはっきりしてきて――。

「鎧《よろい》だ！　鎧を着てる！」

男友だちが叫んだ。

「落ち武者だ！」

全速力で走って車に乗り込み、慌てて駐車場から逃げ出した。

話の最後に恵美さんは、「幽霊に追い返されたような感じでした」と当時の感想を述べた。

《三》違うものを見る

これは、とある怪談イベントの主催者からお寄せいただいた実話である。体験者のお名前を仮に雅人《まさと》さんとさせてもらう。

今からおよそ三〇年前、当時若かった雅人さんと友人は、ダブルデートの計画を立てた。それぞれの彼女を連れてきて、四人で遊びに行こうというのである。

全員関東に住んでいた。日帰りなら目的地は近場がいい。みんなで相談して、埼玉県内の某観光地を車で訪ねることにした。

日中は埼玉で遊び、日が暮れてきて、帰路についた。

しかしまだ物足りない気がした。誰かが、「どこかに寄り道しない？」と言いだすと、反対する者がいなかった。すでにしばらく車を走らせている。そこからなら八王子が近かった。

ふと思いついて「八王子城跡はどうかな？」と彼は提案した。

心霊スポットで、北条氏の城跡だ。公営の文化施設だから、駐車場は無論のこと、飲み物の自動販売機もあるだろうし、肝試しの真似事をするのも一興だ――。

「いいね！」

全員で意気投合して八王子城跡へ向かった。

やがて目的地に到着すると、まずは駐車場に車を停めて、車内から周囲を観察した。

案の定、ガイダンス施設は閉まっていて、人気《ひとけ》が全然ない。閉じたシャッターのそばに案内板があり、夕方五時には終了するようなことが記されていた。

また、思っていたよりも自然の只中にあって、山中に城郭の跡が点在しているようであった。駐車場の外は真っ暗だ。城跡の出入り口の一歩先から濃密な暗闇に呑み込まれており、懐中電灯なしでは肝試しどころではないとたちまち悟った。

「しょうがないなぁ。まあ、いいや。自販機はあるから、何か買ってくるよ」

雅人さんと友人は車から降りた。女の子たちの分の飲み物も買ってきて、すぐにまた車に乗り込んだのだが、そのとき彼は、駐車場に白い車が一台あることに気づいた。

自分たちの車以外では、その一台だけだ。

なんとなく興味を惹かれて、飲み物を買って戻るときに、歩きながら観察した。

日産のサニーだと思った。少し前の型のような気がした。

横を歩く連れも、そっちの方を見ていた。

頭の隅で気にしながら、車の中で小一時間、みんなで談笑した。

そして駐車場を出るときに、ここから先の運転を担当することになった雅人さんは、あえてその車のそばをゆっくり通ってみた。

そうしたところ、ダッシュボードに足が乗っかっていた。

靴下を履いた男の足の裏が、フロンドウィンドウの中に見えたのである。

――ダッシュボードに足を乗せて仮眠しているんだろう。

足を投げ出して寝ているのが女性なら話は別だが、男では色気も何もない。

彼はすぐに白い日産サニーに興味を失った。

ここまで特に変わったことは起きていないと思っていた。しかし駐車場を出た辺りから急に意識が朦朧《もうろう》としてきた。助手席にいる彼女が悲鳴をあげ、後部座席の二人も騒ぎだしても、彼らの声は妙に遠く、不思議と切迫感を覚えなかった。

「危ない！」

乱暴に横から押しのけられたかと思うと、風景が大きく傾ぎつつ弧を描いて、タイヤが悲鳴を上げた。

——正気に戻ってわかってみれば、危うく急カーブを曲がりそこねるところだったのだ。助手席の彼女が咄嗟の判断で横からブレーキを踏んでくれたので、事なきを得た。カーブの向こうは谷に向かって急に落ち込んでいて、路肩から飛び出していれば命がなかったかもしれない。

友人に運転を替わってもらい、その後、国道沿いのファミレスで休憩した。

「さっきはどうしたの？」と、あらためて彼女に質問されたが答えられず、代わりに雅人さんは、八王子城跡の駐車場で見た白い日産サニーについてみんなに話した。

すると、彼以外の三人は一様に驚いて、口々に、「あそこにあったのは、そんな車じゃなかった」と主張しはじめた。

「ボロボロの廃車だったよ。元の車体の色がわからないぐらい錆びていたよね？」

「うん。窓ガラスやタイヤも残っていない、朽ちかけた車が一台あっただけだ」

「もちろん人なんて乗っていなかったし、第一、シートがあったかどうか……」

三人が見たものは同じ廃車であるようだった。

友人からは、こんな指摘も受けた。

「運転席に尻をつけた状態から、ハンドルを越えて脚を伸ばせるかな？　その状態でダッシュボードに足を置くことなんて、ふつうはできないと思うぞ？」

それもそうだと思うと、自分が目撃したものはいったい何だったのだろうと考えさせられて、血の気が引いた。

しかし、すぐに友人たちが言うことも奇妙だと思った。

「八王子城跡って、見学者が毎日訪れるような公営の施設じゃないか。昼間は職員がいて、案内所もある。そんなところの駐車場に、スクラップ同然みたいな廃車が放置されているわけがないよね？」

今度は三人が青くなる番だった。

《四》念仏が聞こえる

現在四二歳の朱美《あけみ》さんは、八王子市の若者は自動車の免許取得率が高いと思うと仰っていたが、私も同感だ。

東京都心部のベッドタウンで、最寄り駅が自宅から徒歩圏内にあるとは限らず（ヘタをすると家からバス停までも遠く）、車道が整備されていて、駐車場が完備された大型の商業施設が国道沿いに並んでいる。市内の企業や大学の多くも市街地の外縁に点在している。カーポートを備えた一戸建て住宅で暮らす者が多い。……つまり、車に乗りたくなる条件が揃っているのだ。

朱美さんも、一八歳のときに普通自動車の免許を取得した。

都立高校の同級生たちの多くが似たような時期に車の免許を取り、卒業してからは、気心の知れた数人が集まって、ドライブを楽しむようになった。誰か一人か二人が車を調達してきて、一台に三、四人ずつ乗り合わせ、交代で運転するのである。

当時は、同い年の仲間たちと車を走らせているだけでも楽しかった。

成人式を迎える前の秋のある日、朱美さんを入れて五人で肝試しに行くことにした。

あいにく一台しか車が用意できなかったので、ぎゅう詰めになって出発した。

出発した時刻は午前一時。目的地は八王子城跡だ。

二〇分ほどで到着し、中に入ると、持ち寄った懐中電灯で道を照らしながら順路に沿って歩きだした。

すぐに橋が見えてきた。城山川《しろやまがわ》という川に架かる「曳橋《ひきはし》」と呼ばれる大きな橋で、高い橋脚の下から、静かな川のせせらぎが聞こえていた。

ところが、橋の半ばまで来ると、水音を縫って、ブンブンと昆虫の翅《はね》が唸《うな》るような音がどこからともなく迫ってきた。

顔を見合わせて、手にした懐中電灯で、てんでに周囲を照らしても、特に何も見えない。しかし聞こえる。しかも、次第に音が接近してくる。

ちょっと気味悪く思いながら橋を渡り切って、さらに奥へ進んだ。

この先に、御主殿《ごしゅでん》の跡がある。さっき聞こえたおかしな音はまだ続いていて、少しずつ大きく、明瞭になっていくようだった。

やがて石畳の道と石段が見えてきた。石段を上れば御主殿に着くはずだ。

例の音は、いよいよはっきりと粒だってきた。

――いや、音というより、年輩の男性が読経しているかのような、人の声だ。

「念仏？」

仲間のひとりが、朱美さんが思ったのと同じことを呟いた。

石段の上の方から聞こえてくるようでもあり、上るのをためらって、段々の下に五人で固まっていると、いまや明らかに読経としか聞こえなくなってきた男の声が、どんどん大きくなってきた。

すると、それが一人二人の声ではなく、大勢の僧侶が一斉にお経を唱えている声だとわかった。太くて重い読経する声の束が急速に膨《ふく》らみ、耳を聾《ろう》する大音声になって、辺りの空気を震わせはじめた。

そのとき、日本人なら誰しも嗅いだ覚えのある、一種、懐かしい匂いが漂ってきた。

朱美さんが「あ、お線香の匂いだ」と思ったのと同時に、仲間のうちの誰かが「ワーッ」と叫んだ。

それが合図になって、みんなで石段に背を向けて逃げはじめた。

全速力で駐車場まで走り抜けて——朱美さん曰く「我先に頭から車に飛び込むような感じ」で、ドアも閉めないうちにアクセルを踏むほど慌てふためき、命からがら八王子城跡を後にした。

《五》右側が狙われる

吉秋《よしあき》さんの趣味は、日本の古城巡りだ。

私の経験に照らせば「城巡りが好き」とおっしゃる方は、実際に各地の城跡を見学するだけではなく、ひとりの例外もなく、城ごとの情報や資料を熱心に蒐集《しゅうしゅう》されている。中世から江戸期の日本史について、学者顔負けの知識を蓄えるようになる人も多い。

私の勘では、吉秋さんもその口だ。

というのも、「八王子城跡の怖い体験談を話したい」と最初におっしゃったのに、インタビューが始まってから最初の五分ぐらいは、八王子城落城の経緯をたいへん詳しくお話しされたからだ。たとえば、こんな調子だった。

「豊臣勢の使者を斬ってしまい、降伏しなかったために撫《な》で斬り令が出されたんですよ」

――「撫で斬り令」と、すかさず私はメモを取った。初耳だったのだ。

「八王子城に残った人々は籠城《ろうじょう》して、石などで抗戦したのですが、結局、皆殺しになりました。女性や子どもはおろか、犬猫までも。そして豊臣側は、三〇〇〇人あまりもいたという八王子城の犠牲者の首を運んで、小田原城の石垣の上……か何かに並べたそうです」

――私は「要確認。小田原城かどこかの石垣か何かに首を並べた」と書いた。

「八王子城跡のそばの宗関寺には、血染めの女性の着物が保管されているといいます」

「本当にお詳しいですね。やはり、何度も八王子城跡に足を運ばれたのですか？」

「ええ。初めて行ったのは大学三年のときです。もっとも、その頃はまだ城巡りの趣味はなくて、肝試しで行ったんですけどね。夏休みで、金がない連中ばかり五人くらいで、友人の下宿でたむろしていたら、夜になって彼の後輩がビーサン履いて来たんです……」

吉秋さんの友人は、神奈川県内の海辺の町で二階建てアパートの部屋を借りていた。そこへ、大学のサークルの後輩が急に訪ねてきたのだった。

ビーチサンダルをつっかけてひょっこり現れたこの男は、最近サーフィンにハマったらしく、明日はサーフィンに行く予定で、ここからなら目当ての浜まで行きやすいから泊まらせてくれと友人に頼んだ。何度か泊まらせてやったことがあるようで、友人は快諾した。

しかし、まだ宵の口であった。

窓からアパートの外を見ると、屋根にサーフボードを載せた車が停めてある。後輩の車だ。

あれに乗ってどこかへ行こう、と誰かが言いだし、ワチャワチャ言い合ううちに、なんとなく、八王子城跡で肝試しをすると決まった。

そこで、都合六人で一台の車に押し合いへし合いしながら乗り込んで、はるばる八王子城跡を目指して出発した。

助手席に二人座るような無茶な乗り方をしていたのだが、警察に停められることもなく、無事に目的地に着いて、さっそく城跡を見物しはじめたのだが――。

「あっ」御主殿の滝の手前で、後輩が声を発した。

見れば、右足のビーチサンダルの鼻緒が抜けて、地面から浮かした足から底がブラーン
とぶらさがっている。

「草鞋《わらじ》の鼻緒が切れると縁起が悪いんだぞ」と仲間の誰かが指摘した。

「……もう帰りたい」


途端に後輩が弱気になったので、みんな笑ったが、実際のところ、地面は小石やデコボコだらけで辺りは真っ暗。履物が無くては歩けるわけがなかった。

そこでまた六人で車に乗り込むと友人の下宿へ帰り、その晩は狭苦しいところで雑魚寝《ざこね》して、翌朝みんなで後輩を見送りがてら、この集まりはお開きとなった。

夜になって、今朝までいた下宿の友人から吉秋さんに知らせが入った。

後輩が大怪我をしたというのだった。「右の太腿《ふともも》にサーフボードが刺さった」とのことで、どんな状況でサーフボードが突き刺さったのか不明ながらも、昨日ビーサンの右の鼻緒が抜けたばかりだから、あれはやはり不吉の前兆だったのだと思ってしまった。

しかし、それだけなら偶然で片づけられた。

そうはいかなくなったのは、夏休み明けに、後輩が再び怪我をしたせいだ。

太腿の傷はだいぶ快復していたが、海で遊ぶわけにもいかず、後輩はおとなしく家業の

鉄工所を手伝っていた。すると工場の機械が誤作動を起こし、鉄片が右目の方へ飛んできたというのだ。

幸い眼球は無事で、眉毛の下を何針か縫うだけで済んだものの、またしても右側だったので、後輩は震えあがってしまったようだ。

「あいつは、もうどうしようもなく怖がって、『もう二度と八王子城跡には行かないし、死ぬまで肝試しもやらない』って言ってる。お母さんに勧められて、霊媒師に視てもらったんだと。それで、霊媒師に言われたからって、キャンパスでも塩を持ち歩いているんだよ」

気の毒に、と吉秋さんは心を痛めつつ、友人に提案した。

「なあ、八王子城跡の肝試しを完遂しない？」

――読者さんは呆れてしまうかもしれないが、私も彼と似たタイプだから、わかる。何かやりかけて中断したままというのが、絶対に我慢できないのだ。ハッキリ言ってどうでもいいようなことでも、例外はない。

類は友を呼ぶのだろうか。彼には賛同者がいた。

今度は、吉秋さんが自分の車を出した。それに乗って、四人ばかりで八王子城跡に行ったところ、帰る途中で車体がガタガタと異常に揺れだした。

路肩に停車して点検すると、右の後輪のナットが五個中、四個も外れていた。

車検が通ったばかりの車だったので、これは奇怪だ。ありえないことが起きたようだ。

吉秋さんは「僕まで大事故に遭うところでしたよ！」と私に言った。

なんだか右側の呪いが後輩から彼に……いや、彼の車に伝染したかのような話である。

《六》瘴気《しょうき》が噴き出す

「今から一〇年以上前のことになりますが」と茉那《まな》さんは前置きして、電話の向こうで話しはじめた。

「付き合っていた恋人と結婚する目途《めど》が立って、二人の勤め先に近い八王子市内で新居を探しはじめたところ、不動産屋で高尾駅から近い二階建てのアパートを勧められたんです」

間取りは3ＤＫで、築年数は浅く、不動産屋で見せられた写真は建物の外観も室内も綺麗だった。気に入ったので、さっそく内見させてもらったのだが……。

「押し入れを開けたら、棚板の真ん中に人が通れそうな穴がボッコリ開いていたんです。おまけに下の段にドス黒いガスが充満していて、その穴から上に向かって大量に噴き上がっていました」

婚約者はそれを見た途端に「無理！」と叫んで、押し入れから後ずさりした。

菜那さんも驚愕して、不動産屋の担当者の方を振り向いた。

「でも、その人は何も言わないんですよ。穴が開いて黒いガスがもうもうと噴き出しているのに一言の説明もありませんでした」

二人は顔を見合わせた。

「今にして思えば、あの穴と黒いガスは霊感がある者にしか視えないものだったんですね。その後の結婚生活を通じて、夫と私には霊視する能力があることがわかったので……。黒いガスのようなものは、いわゆる瘴気だと思います」

そこは、八王子城跡の山に臨むアパートだった。

「八王子城が落城したとき、死傷を負った人々が山から這い出してきて麓で息絶えたという話を耳にしたことがあります」

瘴気の穴さえなければ、家賃が手ごろで景観にも優れた、申し分ない物件だった。なまじ霊能力があるせいで、菜那さんたちはその部屋を借りるのはあきらめざるをえなかったのだが。

《七》何かが家に出入りする

昭和四〇年代から五〇年代にかけて、八王子市内各所に新しい住宅街が生まれた。

八王子城跡周辺も例外ではなく、当時、八王子城の山に臨む斜面に一戸建てから成る住宅団地ができた。

そのうちの一軒が、裕行《ひろゆき》さんが通っていた高校の先輩の家だった。

その家に初めて遊びに行ったときのことだが、一階の居間で先輩とゲームをして遊んでいると、階段の方から足音がはっきりと聞こえてきた。

誰かが二階から下りてきたようだ。

家族は全員出掛けていて留守だと聞いていたので、裕行さんはいぶかしく思った。

しかし先輩は反応を示さず、努めて足音を無視しているように見えた。

「誰かいるみたいですよ？」と訊くと「いいや。よくあることなんだ」と先輩は答えた。

そのとき、玄関の方からガチャッと鍵が開く音がした。

――ほら、キィッとドアが開いた。何者かがドタドタと廊下を歩いてくるぞ。

物音は非常に明瞭で、気のせいで済ませられるレベルではなかった。玄関から入ってきた者と階段を下りてきた者が廊下で合流して、一緒にこの部屋に近づいてくる。

それでも先輩は動こうとしなかった。

「こういうことが、本当によくあるんだよ、この家」

先輩が苦々しい表情でそう言うと、居間の手前で足音が止んで、その後は死んだように家じゅうが静まり返った。恐るおそる玄関を見にいくと、鍵が内側から掛かっていて、誰かが入ってきた痕跡もなかった。

線路ぎわのお地蔵さん
（なかよしこ線橋）

仁美《ひとみ》さんの母は、祖父母がうんと歳を取ってからできた五人きょうだいの末っ子だった。そのため、仁美さんが生まれる前に祖父母とも寿命で亡くなってしまったのだが、祖父が建てた西八王子の家と高尾山の麓にある一族の墓の管理を母の長兄が継いだことから、幼少の頃より、法事やお祝いごとがあるたびに八王子市を訪れてきた。

彼女の祖父は旧国鉄の職員で、担当していた西八王子駅から徒歩一〇分ほどのところに居を構えたのである。

仁美さんと両親が暮らす家は相模原市にあり、母と仲の良い伯母が京王八王子駅の近くに住んでいた。母方の親戚が菩提寺に集まる際には、ほぼ毎回、母が運転する車で伯母をピックアップして行くのが習いであった。

——さて、現在三九歳の仁美さんが一八歳の頃というから二〇年以上前のことになる。

その日も、途中で伯母を拾って、三人で高尾の菩提寺に向かっていた。

七月のお盆の最中であり、母方の親戚一同が寺に集って墓参りなどをする予定になっていたのだ。

やがて、途中の西八王子の辺りで、とある踏切に差しかかった。

学園踏切という名で知られる踏切だった。

ここは飛び込み自殺や事故が多発することで、近在の人々の間で悪名が高かった。

また、自殺者が集中する場所の例に漏れず、全国のオカルト好きの間では心霊スポットとして知られていた。そのため、仁美さんも、通っていた専門学校の同級生から、つい最近、この場所にまつわる怖い話を聞かされたところだった。

——折しも、カンカンと警報機が鳴りだして、遮断機が下りた。

電車が通過するのを車の中で待つ間、彼女は仕入れたばかりのネタを母と伯母に披露することにした。

「ねえ、知ってる？　この踏切と八王子駅の間の線路沿いにお地蔵さんが立ってるんだけど、その首が、ときどきわけもなくコロリと落ちるんだって……。それでね、そうやって首なし地蔵になってるところを電車の運転士や車掌が目撃すると……必ずここで人身事故が起きてしまうんだって！」

彼女は、キャーッと自分でわざと悲鳴をあげて、二人の反応をうかがった。

怖がってくれるかな？　それとも、うんざりした顔で私をたしなめようとする？

そのどちらかだろうと予測していたのだが——。

「そんな古い話、よく知ってるわね！」と伯母が驚いたので、あてが外れてしまった。

「昔、よくお父さんが話していたっけ……。あんたは知らない？」

姉から話を振られて、母は「うーん」と首を傾げた。

「飛び込み自殺があるとバラバラになった遺体を駅職員が拾わされたって話は何度も聞かされたけど、お地蔵さんの話は憶えてないなぁ」

「そうか。あんたは小さかったからね。西八（西八王子駅）と八王子の間にあるお地蔵さんの首が落ちていると、この辺りで人を轢《ひ》くはめになると言って、国鉄の運転士たちが恐れていたんですって。お父さんも、あれは百発百中のジンクスだと言ってたものよ」

よくある怪談話が、一足飛びに、身近に起きていた本当のことに変わり、仁美さんは衝撃を受けた。

――遮断機が上がり、乗っている車が踏切を通過した。

そのとき、すぐ近くに墓地が見えた。いつもなら見過ごしてしまうところだが、件《くだん》のお地蔵さんは、この墓地の敷地内に立っていたのではないかと思って気になった。

ここは、母たちの実家の目と鼻の先でもある。

「祖父は怖くなかったのかなぁと思いました。家の近くにあったわけだから、母たちも、それと知らずに、問題のお地蔵さんを見ていたかもしれませんよね」

私は、彼女からこの話を聴いた後に、かつて学園踏切があった場所を訪ねてみた。

人身事故が多発したせいで、ここでは現在、踏切は撤去され、代わりに線路をまたぐ跨線橋が架けられている。

私は、この跨線橋を心霊スポットだとする読み物を目にしたことがある。踏切があった当時に人身事故が絶えなかったことから、未だに幽霊が出没すると噂されているようだ。

跨線橋の上から周囲を観察した。

なるほど、北側を望むと眼下に墓地が広がり、その向こうに緑青の色が鮮やかな寺院の屋根が見えた。興岳寺《こうがくじ》という曹洞宗の古刹《こさつ》である。

墓地はブロック塀に囲まれて、塀と線路の間には道路が挟まれ、走る電車の運転士が線路ぎわの地蔵を目視できるような状況ではない。

昔とは、だいぶ景色が変わってしまったと見える。

結局、首が落ちる地蔵が何処へ行ったかわからずじまいだったので、その代わりに、当該地域の別の地蔵にまつわる逸話をご紹介して、この話を締めくくりたいと思う。

今では西八王子界隈のお地蔵さんと言えば、興岳寺からさらに北へ一四〇〇メートルほど行った住宅街の中にある浄土宗の寺・相即寺の「ランドセル地蔵」が有名だ。

第二次大戦中、終戦間近な七月八日に、この辺りに疎開していた小学校四年生の男の子が米軍戦闘機の機銃掃射に命を奪われた。遺体は相即寺に安置され、男の子の母親が引き取りに来た。すると、彼女は寺の地蔵堂で、息子に面差しがよく似た一体の石地蔵に出逢ったのである。そのお地蔵さんの肩に形見のランドセルを掛けたところ、元気だった頃の我が子の姿がますます髣髴《ほうふつ》した。そこで「命日には必ずお参りに来ますから、どうかこのお地蔵さんにランドセルを背負わせておいてください」と寺の住職に頼んで帰っていったが、たった半年後に息子の後を追うかのように亡くなってしまった。住職は、その後もランドセルを背負った地蔵を大切にし、哀しい母子の菩提を弔いつづけた。

公的な記録には残されていなかったこのエピソードを八王子在住の児童文学者・古世古和子先生が発掘し、これを題材とした童話を書いたことから、八〇年代に入ってランドセル地蔵の存在が巷間に伝わったのである。

――恐ろしい線路ぎわの首なし地蔵は何処かへ立ち去り、命の尊さを訴えるランドセル地蔵が脚光を浴びるようになった。

数多《あまた》の血を吸った魔の踏切と置き換えられた跨線橋の名前が「なかよしこ線橋」であることと、どこか重なる。忌まわしいものたちは消される宿命なのだろうか。

高尾の菩提寺

引き続き、仁美さんからお聴きした話を綴る。

前述したように高尾山の麓に仁美さんの母方一族の菩提寺があるのだが、彼女はそこで不可思議な出来事を三回も体験したのだという。

まず、高校生の頃にこんなことがあった。

当時、彼女の家では一匹の中型犬を飼っていた。母方の親戚一同で墓参りする際には、いつもどこかに預けるか留守番をさせてきたのだが、このときはどうしても預け先が見つからず、また、「この子は大人しいから大丈夫だろう」と家族の意見が一致したため、初めてお寺に連れていくことになった。

実際、家族の言うことをよく聞く、穏やかな性格の犬だった。

ところがこのときに限って、境内に入るや否やリードをふりほどいて一目散に逃げてしまったのである。

境内の奥へ奥へと逃げていく。あちらにはこの寺の墓苑がある。犬がよその家のお墓を荒らしては一大事だ。早く捕まえなくてはいけない。

仁美さん含め若い者たちは、みんなで口々に犬の名前を呼びながら全速力で後を追った。ふだんなら呼べば戻ってくる。しかし、どうしたことか今日は従わない。呼びとめる声も虚しく、犬は墓苑の中へ飛び込んでいった。大変だ……と、仁美さんは一瞬慌てた。しかし、それからほどなくして、犬はピタリと足を止めたのである。そしてクルリとこちらに向き直ると、盛んに尻尾を振りだした——見覚えがある墓の前で。

仁美さんは心の底から驚愕した。だから、犬が返事をするわけがなかったが、こう訊かずにはいられなかったという。

「どうしてうちのお墓がわかったの?」

見覚えがあったのは当然で、犬は正しく母方一族の墓を嗅ぎ分けていたのだった。

後から追いついてきた伯父や伯母もこれにはびっくりしていたが、彼女たち若い者とは少し反応が異なり、何やら深く感動しているようだった。

その理由はすぐに明らかになった。伯父が「お父さんは大の犬好きだったからなぁ」と感じ入ると、兄弟姉妹でお互いにうなずき合ったのである。

生前の祖父は愛犬家で、生涯、犬を飼っていたのだという。仁美さんたち孫の世代が生まれる前に亡くなったので、親族の中でも年輩の者しか知らないことだった。

次は、彼女が二七歳のとき。

前回の犬はすでに虹の橋を渡っており、当時は、その後に貰ってきた二代目の犬を飼っていた。そして、今度も前のときと似たような事情があって初めて墓参りに連れていったのだが、親戚の人々は以前のことを忘れておらず、誰かが「リードを放してやったら、この子も前の子と同じように、うちのお墓まですっ飛んでいくんじゃないの？」と冗談半分でけしかけると、全員が興味を示して、たしなめる者がいなかった。

そこで試しにリードを放してみたところ、本当に家の墓まで勝手に駆けていった。

仁美さんによれば「うちのお墓までの道順は複雑で、一回や二回行ったぐらいでは、大人でも道に迷ってしまうほどなんです。それが、犬たちは二匹ともまっしぐらに走っていって、ちゃんと着いたのだから不思議です」とのこと。

祖父が犬を呼び寄せているに違いないと一同で話をしたそうだ。

三つ目の不思議体験は去年の出来事だ。

二〇二〇年の九月、仁美さんの母方の伯父が急死した。腎臓《じんぞう》の持病が悪化して自宅で倒れ、救急車で搬送される途中で息が絶えてしまったのである。

臨終から三日後の午後六時より寺の本堂で通夜が行われると聞いて、彼女も八王子市内の自宅から家族と車で駆けつけた。

家族というのは、夫と一〇歳の長男、五歳の次男だ。もう若くない、子育て中の身だが、寺までの道中では、遥か昔、伯父に可愛がってもらった子ども時代のことばかりが次々に頭に浮かんで止まなかった。

伯父と彼の連れ合いの間には子どもがなかった。そのせいか、家に遊びに行くたびに大いに歓待してくれたものだ。供される食事はいつもご馳走で、伯父は仁美さんが喜びそうなことを次々に仕掛けてきた。幼い頃、市内で評判のケーキショップや西八王子駅のそばにあったサンリオショップに連れていってくれたのは両親ではなく、伯父さんだった。

まだ死ぬには早い歳だったのに……と、切なくてたまらなくなった。菩提寺の駐車場に到着すると、まさしく涙雨といった風情の小雨が降りだして、いっそう寂しさが募った。

それから、母の兄や姉たち四人と、それぞれの連れ合いや子や孫たちと一堂に会して通夜を行った。そして仕出し弁当で会食しながら故人の想い出を語り合っていたところ、ふと時計を見て、もうすぐ八時になることに気がついた。

すると、悲しみの底に沈んでいた心が一気に浮上して、平常運転にギヤが戻った。

――もう二時間も経過していたとは。これからみんなでお墓参りしたら、同じ市内とはいえ、自宅に帰りつくのは九時近くになってしまう。明日は子どもたちの学校があるから、朝が早いのに。でも、うちだけ墓参りしないわけにもいかないし。

墓参りが済むと、親戚の誰よりも早く駐車場へ向かった。

雨は止んでいたが、もうすっかり夜である。後ろの方からは親戚の者たちの声がガヤガヤと聞こえていた。前方には人影がない。駐車場を囲む寺院の杜は、四隅に照明が点いているために、かえって暗く沈んで見えた。

子どもたちを追い立てながら、家の車の方へ足を急がせた。

リモコンで車を解錠して、先に子どもたちを後部座席に乗り込ませ、助手席の方へ屈み込む夫の姿を視界の端に捉えながら、運転席のドアに手を掛けた。

そのとき、亡くなった伯父が、自分の左横に立っていることに気がついた。

伯父は病弱で、若い頃から猫背だった。背中を少し丸めて首を前に落とした特有の立ち姿で、車の方を向いている。柔和だけれど、ちょっとぼんやりとして捉えどころのないこの表情も、彼の特徴だった。

着ているセーターにも見覚えがあった。さんざん着古しているのに何十年も捨てずにいる、伯父さんのお気に入り。晩年よりも幾つか若返っているが、間違いない。

これは、柩に納まった顔を拝んだばかりの伯父さんだ。

思わず叫びそうになった。

だが、声を出す寸前に、夫が助手席から怪訝そうに訊いてきた。

「ママ、どうしたの？　早く乗りなよ」

それでハッと我に返った。

――そうだ。子どもたちがいる。早く寝かせなくちゃいけないんだから、今、怖がらせちゃダメなんだわ。

彼女は咄嗟に「ごめんね！　明日はお葬式だと思ったら、また伯父さんのことを思い出しちゃって」と取り繕った。

そして、ついて来ませんようにと祈りながら運転席に乗り込んだのだが、車を出す直前に勇気を奮ってそちらを見やると、砂利を敷いた駐車場と暗い杜があるばかり。

もう伯父の姿は消えていて、その後は今日まで現れる兆しもないということだ。

ボーイスカウト・キャンプ（助教授教え子殺人事件）

拓実《たくみ》さんは四つ年下の弟と共に、長年ボーイスカウトの活動に取り組んできた。二人とも小一でビーバースカウトに入団し、カブスカウト、ボーイスカウト……と順調にステップアップして、やがて大学生や成人が構成するローバースカウト隊員になると、所属するボーイスカウト団の子どもたちの指導にあたるようになった。

彼が八王子市の鑓水《やりみず》地区で行われた野営キャンプに参加したのは、一昨年《おととし》の七月下旬のことだった。小学生を中心とした合計一五、六名の隊員たちは、どの子も学校の夏休みを迎えたばかりとあって解放感に溢れていた。

幼い隊員を引率するにあたり、彼は気を引き締めてインストラクターやリーダーたちと協力し合った。幸いキャンプの首尾は上々で、キャンプファイアを囲んでの夕食が済むと、子どもたちは満足した顔でテントに引き揚げ、早々に寝入った。

彼はたいへん安堵して、例年の何倍もの大きな達成感を味わった。

なぜかといえば、今回はわけあって、野営に不向きな土地でキャンプを張ったからだ。

夏のキャンプはこのボーイスカウト団の恒例行事なのだが、その年に限っていつもの野営地が急に使えなかった。困っていると、団の上層部と繋がりがある男性が噂を聞きつけて、自分が所有する山の一角を無料で貸すと申し出てくれた。

それがこの場所だった。しかし事前に視察に訪れたところ、山の麓は土がぬかるみ、中腹も竹が鬱蒼と繁っていて、使い物にならないことが明らかになった。困惑しつつ暗い山道を少し登ると、火が焚けそうな空き地があるにはあった。だが、残念ながらそこも傾斜地で、水道やトイレもなかったのである。……入念に準備して、なんとか無事に乗り切った次第だ。

夜が更けて、成人している者たちだけでささやかな打ち上げをすることにした。焚火を囲んで静かに酒盛りをはじめたのだが、ほどなく彼は、周囲があまりにも森閑としていることが気になりはじめた。虫や獣すら棲んでいないかのように、音が死に絶えている。

「都内にも、こんなに寂しい場所があったんですね」

彼がこう呟くと、視察の引率者だったリーダーが応えて、

「昔、麓の方で何かあったみたいで、地元の人はこの山には近づかないんだって」

と言った。拓実さんは「いったい何があったんですか？」と訊ねようとしたが、突然、季節に合わない冷たい風が顔に吹きつけてきて、思わず口を閉じた。

焚火の炎が大きく揺らめいたかと思うと弱まった。

暗闇がグッと詰め寄ってくる。と、そこへ、どこからともなく細く悲痛な女の叫び声が。

「ヒィ……アア……アア……アウウウ……ヒャアア……」

声の主は近くにいると思われ、彼らは盛んに辺りを見回した。

しかし人影はなく、数秒して声が止むと、にわかに山の沈黙が恐ろしく感じられてきた。

それから二、三人で懐中電灯を持って空き地を点検したが、何も見つからなかった。

結局、あまりの不気味さに寒気を覚えながら、まんじりともせず朝を迎えたのだった。


実家に帰った折に、拓実さんはこの件を父親に打ち明けた。ボーイスカウトに彼と弟を入団させたのは父で、息子たちの活動報告をいつも愉しみにしていたのである。

話を聞くと父は非常に恐れるようすを見せた。そして、「思い当たることがある。そこは有名な殺人事件の現場だったのかもしれない」と述べて、知っていることを彼に教えた。

——五〇年近くも前のことだが、鑓水地区のとある崖の下から、屍蠟《しろう》化した若い女性の亡骸《なきがら》が掘り出された。彼女は大学院生で、大学の研究室で指導にあたった助教授と不倫関係に陥ったあげく彼に殺害されて、そこに埋められていたのだった。

彼女が殺されてから遺体発見に至るまでに二〇〇日以上も経過していた。

その間に、加害者の助教授は妻と二人の幼い娘を道連れに伊豆半島で無理心中を遂げており、従って、被疑者死亡のまま被害者の遺体発見をもって事件は終息したのだが……。

半年以上も土の下にありながら、骨にならず屍蠟として人の形をとどめていたのは、女の執念の成せるわざだと思う者が多かったためだろうか、遺体が発見されてから、この辺りには女の幽霊が出るという噂が立ちはじめた。

拓実さんの父は、今回キャンプを張った山の麓に亡骸が埋められていたのではないかと推測しているという。しかし実際のところは、昭和五〇年代以降の土地開発によって付近の地形が大きく変わり、現在、その場所を正確に指し示すのは、ほぼ不可能な状況だ。

それでも尚、現場周辺で心霊現象に遭遇したと証言する者は絶えない。

拓実さんも証言者の列に加わった。……次は、あなたかもしれない。

鏡の噂（鑓水公園）

亜優《あゆ》さんが市立中学の一年生のとき、隣の鑓水公園の公衆トイレの鏡に幽霊が映り込むという噂が学校中で広まった。二学期の初め頃、吹奏楽部の先輩たち三人が金曜日の部活帰りに本当に映るか試しに行ったので、翌週、月曜日の部活のときにどうだったか聞くのを楽しみにしていたところ、三人とも来ない。

「先輩たち、幽霊に祟られちゃったんじゃない？」横にいた芽久《めぐ》さんが冗談っぽい口調で囁きかけてきた。「まさか」と亜優さんは笑顔を返した。

「じゃあさ、今日、これが終わったら一緒に公園に行ってみようよ」

亜優さんは少し怖いと思ったけれど、優柔不断な性格が邪魔をして、断れなかった。

九月中旬のことで夕方の公園は蒸し暑かった。公衆トイレはサウナのようで、汗まみれの顔を鏡の中に並べてみたけれど、臭くて暑苦しいだけで、変なものは何も映らなかった。

その夜遅く、スマホの通知音で亜優さんは目を覚ました。

時計を見ると午前一時で、何かと思えば芽久さんがメッセージを送ってきたのだった。

「鏡、見て！」と書いてあった。「何？」と返信すると「鏡を見ればわかるよ」。

亜優さんは「そこまで言うなら」と返して、すぐにシーリングライトを点けた。たちまち部屋の隅々まで明かりで満たされた。これなら怖くない。安心して、ヒョイッとベッドの足もとにある姿見を覗き込んだ。

唖然とするほかなかった。部活を休んだ先輩たちが自分の後ろに映り込んでいたのだ。一様に虚ろな表情で、まるで死人のようだったが、亜優さんがその場を逃げ出す前に、たちまち三人ともスーッと姿が薄くなって消えた。

翌日、亜優さんと芽久さんは高熱を発して学校を欠席した。

三日後に快復して部活に行くと、先輩たちも出てきていた。

「次にあの公園の鏡を見た人も、私たちと同じ目に遭ったんじゃないでしょうか。先輩たちも、知らない高校生をそれぞれの家で見て、熱を出したそうですから」

先輩たちが鏡に映ったのは一度きりで、あれから五年も経つけれど、その後は別になんともない。

廃病院

（S病院旧病棟・旧八王子中央病院）

八王子市周辺の若者たちの間で、廃病院の肝試しが流行っていた時期があった。若年層の普通自動車や自動二輪車の所有率が高くて、廃墟の管理が甘かった八〇年代後半から二〇〇〇年前後がピークだったように思う。

現在四〇代の敏規《としき》さんは、一六歳のときと二〇歳のときに、市内の廃病院で肝試しをしたことがある。これまでの人生で廃病院に行ったことも肝試しもその二回きりで、今後も絶対にやらないと決めているという。

最初の肝試しには、親友のAと行った。

誘い合って一緒に原付バイクの免許を取ったばかりで、敏規さんは自前の愛機で、Aは彼の兄のを借りて、仲良く原チャリを走らせてS病院を訪ねたのだ。

一〇月下旬のことで、敏規さんはAの家で勉強すると言い、Aは敏規さんの家で……と親に嘘を吐いて出てきた。使い捨てカメラと懐中電灯を携え、準備万端だった。

午後七時頃、目的地に到着した。横にだだっ広い鉄筋コンクリート製三階建ての建物が雑草だらけの空き地に寝そべっている。建物の後ろは、灰色の夜空と今は真っ黒な塊《かたまり》としか見えない雑木林で、周囲には人家もなく、物寂しい景色だ。

敷地の手前で原チャリを停めると「兄貴に見せてもらった写真と一緒だべ？　あれが問題のS病院だ」とAが話しかけてきた。

この春、大学に進学したAの兄は、夏休み中に地元の旧友たち数人とS病院で肝試しをして、そのとき撮った写真をAの家に遊びに行ったときに敏規さんに見せてくれたのだった。

暢気《のんき》な顔をした大学生が四、五人ではしゃいでいるだけの写真だった。

「兄貴が『暗いばっかで全然出んかった』って言ってたから大丈夫だ」とAは興奮で顔を輝かせて、「こっから歩ってくぞ」と建物を目指してさっそく草っぱらを歩きだした。

「幽霊が出ないんじゃ、肝試し、やる意味なくね？」

「ホントに出たら怖いじゃん」

二人はズンズン建物の中に入っていった――というのだが、ここで筆者・川奈より一言。

これは昔の話だ。現在、S病院は立ち入り禁止になって久しく、高い柵と鉄条網で覆われているばかりでなく、防犯カメラで常に監視されている。企業の私有地なので、部外者は絶対に入ろうとしてはいけない。

さて、今より長閑《のどか》な時代のこの少年たちは、懐中電灯でそこかしこを照らしながら一階の廊下を並んで歩き、やがて階段を見つけた。

「二階か三階に、巨大な目の絵があるらしいよ。壁に描いてあって見るとヤバいことが起こるんだって。噂を聞いて兄貴たちが手分けして探したけど見つけられなかったってさ」

敏規さんは「とりあえずそれを探すべ」と言ったが、大学生が数人がかりで探して発見できなかったものを自分たちが見つけられるとは思っていなかった。

二階、三階と、各部屋を順繰りに見てまわったが、「〇〇参上」だの「死ね！」だのといった落書きがところどころにある以外、ただの廃墟だ。空調も水道も止められているようで物音ひとつしない……と思っていたのだが。

「あれ？　今、下の方から何か聞こえなかった？　誰か来たんじゃね？」

「本当だ！　何人か入ってきたっぽい。俺らと同じ、肝試しじゃん？」

「やべぇ奴らだったらどうしよ……。バイクいじられないかな？」

敏規さんは外に停めてきた原チャリを心配した。この春から市内にある伯父の工場で週に三日もアルバイトして、一ヶ月前に買ったばかりのスズキの新型車だ。

階下の物音は次第にはっきりしてきた。声も聞こえてきた。若く野卑《やひ》な笑い声が響いてきて、凶悪な不良グループのイメージが湧いた。四、五人いるようで、女も混ざっている。

「やべぇ。帰ろうぜ」とAが囁きかけてきた。「俺らより（歳が）上みたいだし……」

鉢合わせする恐れがあったが、幸いにして横に長い建物だから階段が複数ある。彼らがいる場所から離れた階段で一階に下りることにした。

見つかりたくないので二人とも口を閉じて静かに階段を下り、無事に一階に着いた。

そして出入り口を目指して長い廊下を歩きだしたのだが、あと五メートルぐらいのところで、背後から若い女の声が「どこ行くの？」と。

Aは振り向きもせず出入り口めがけてダッシュしたが、敏規さんは体ごと振り返って懐中電灯で廊下を照らした――誰もいなかった。ただ、二階の方から「下に誰かいる！」と叫ぶ男の声がしてきたので、慌ててAさんを追って外に出た。

Aは原チャリのそばで敏規さんを待っていた。「オバケ出たよ」と怯えた目を向けてきたので、敏規さんは笑い飛ばしてやった。「ちげぇよ！　入ってきた奴らの女だろ？　俺たちを仲間と勘違いして『どこ行くの』って言ったんだよ」

「じゃあ、姿を見たのかよ？」

「ううん。……仲間じゃないのに気がついて、慌てて隠れたんだと思う。『誰かいる』って騒いでたから、来ないうちに早く行くべ！」

その夜、敏規さんは戸吹町《とぶきまち》のコンビニエンスストアの駐車場でAと別れた。

いつもなら買い物に付き合って、なんなら自分も何か買ってコンビニの前で一緒に飲み食いするのだが、なぜかこのときに限って一刻も早く家に帰りたかった。

「ごめんな。今日は寄り道しないで帰るよ」

「えっ、そうなの？　まあいいけど。じゃあ、俺はここで食いもん買うから……」

「気ィつけて帰れよ。事故らないように」

「おまえもなぁ」

——これが永遠の別れになるとは、まさか思いもよらなかった。

深夜零時を過ぎて、Aの家から電話があった。最初は母が出て、Aの行方を訊ねられると、敏規さんを起こしに来た。

「あんた、今日はAくんちに行ったんじゃなかったの？　あちらでは、うちに来ていたはずだと仰ってるんだけど？　バイクで出掛けたまま、まだ帰ってこないんですって」

「……ごめん。ウソついてた。本当は二人で肝試しに行ったんだ」

その後、敏規さんはS病院に行ったことを正直に白状した。そして電話でAの母親にAとコンビニの駐車場で別れたと伝えたところ、Aの父と兄がすぐに件のコンビニに車で駆けつけた。しかしAは数時間前に原チャリでどこかへ立ち去った後だった。

それきりAは行方不明になってしまった。

高校を卒業すると、敏規さんは八王子市内の専門学校に入学した。進学を希望していた大学の姉妹校で、成績優秀者は大学課程の二年次または三年次に編入できるとあって、友だちも作らず勉強に打ち込んだ。努力の甲斐があって、専門学校を卒業すると同時に、行きたかった大学の三年生に編入できた。

気が緩んで、春休みが終わる前にどこかへ遊びに行きたいなぁ……と思っていたところ、大阪の会社に勤めていた一〇歳上の兄が東京勤務になって帰ってきた。

この兄は、Aが失踪した頃にはすでに家を離れていた。歳が離れているので幼児の頃に遊んでもらった記憶はあるが、一緒に何かをしたことがほとんどなかった。

兄は都内に住む大学時代の同級生と遠距離恋愛をしており、近々結婚する予定だった。だから「結婚して新居を借りるまでここに住まわさせてよ」と言うのである。

――その日は土曜日だった。朝、兄が急に思いついたようすで、敏規さんをドライブに誘った。敏規さんが普通自動車の免許を持っていないと言うと、兄は「俺が全部運転するから大丈夫」と応えた。

「こんな機会は二度とないと思わないか？」

言われてみれば、これまで兄と二人で遊びに行ったことは一度もなかった。学校が始まってしまったらまた忙しくなるだろうし、兄は間もなく結婚する身だ。

「せっかくの週末に彼女を放っておいていいの？」

「何年も遠距離で続いてるんだから、一日ぐらい、問題ないに決まってるじゃん」

天気も良く、絶好のドライブ日和だった。兄と話し合って山中湖に行くことにした。

午前中に出発して、正午前後に湖畔に到着し、山中湖を観光した後、付近のスーパー銭湯にも立ち寄った。八王子に戻ってきたときには、すっかり日が沈んでいた。

楽しい一日で、敏規さんは兄との距離が一気に縮まったように感じた。兄の方でもこのまま家に帰るのは惜しいと思ったようで、もう一ヶ所、どこかに寄り道したいと言いだした。

「カラオケやゲーセンでもいいんだけど……。そうだ！　なあ、八王子中央病院って知ってる？　こないだ会社の同僚に八王子の実家にいるって話したら、ヤバい廃病院があるって教えてくれたんだ。場所を聞いておいたから行けるよ？　ちょっと行ってみるべ？」

兄はAが失踪したことは知っていたが、いなくなる直前に廃病院で肝試しをしたことは誰からも聞かされていなかったのである。敏規さんも話したことがなかった。

言おうか言うまいか迷っているうちに、着いてしまった。

S病院よりもさらに大きな建物で、廃墟になってからあまり年数が経っていないように見えた。兄はダッシュボードから懐中電灯を取り出して「行こう」と彼を誘った。

敏規さんは首を横に振った。「やっぱ止すわ。あのさ、高校のときいなくなったAなんだけど……一緒にS病院ってところに行ってコンビニの駐車場で別れたら、それっきり行方不明になっちゃったんだよ。だからさ……」

「なんだ。そういうことなら早く言えよ。もう来ちゃったじゃん。……じゃあ、敏規は車で待ってなよ。俺だけ、ちょっくら行ってくるから。すぐ戻るよ」

そう言って、兄は懐中電灯を点けて、病院の中へ消えていった。

車の中から見ていると、懐中電灯の光が病院の建物の窓から漏れて、中を移動していた。兄が歩きまわっているようすが容易に想像できた。しばらく光が見えなくなったと思ったら、上階に移動していた。光が出たり引っ込んだり……。探検を愉しんでいるようだ。

やがて、敏規さんは兄の懐中電灯の光を目で追うのに飽きて眠たくなってきた。

いつの間にか眠ってしまっていたようだ。兄が運転席のドアを乱暴に開けて飛び込んできたので、びっくりして目を覚ました。

「ヤバい！　人がいた！」と車のエンジンをかけながら兄が言った。「おまえ寝てた？　じゃあ、あいつらが入ってくるところは見なかったんだ？」

「うん。なんにも……。どうしたの？」

「急に若い連中が何人も来たんだよ！　笑い声とか話してる口調とかがワルそうな感じがして、多勢に無勢だからマズいことになったと思って急いで出てきた」

敏規さんは病院の建物を見た。どの窓も黒い口を虚ろに開けているだけだった。

彼は恐々と「人なんて、いないじゃん」と兄に告げた。

「だって懐中電灯の明かりが一個も見えないもん」

しかしそのときはすでに車は動き出していた。兄はバックミラーにちらりと視線を投げかけたが、病院の窓や出入り口が暗く沈んでいるさまを確認し損ねたようだ。

「そうか？　おまえが見たときは、たまたま奥の部屋に連中が引っ込んでたんだべ」

この夜、敏規さんは嫌な夢を見た。Aと兄と三人で廃病院を探検する夢だった。

最初は楽しかったのだが、しばらくすると大勢の人々が左右の病室から廊下に溢れ出て襲いかかってきた。無我夢中で逃げるうちにAや兄とはぐれてしまい、独りで外にまろび出て、振り返った廃病院の窓はどれも真っ暗で、人の気配が絶えていた——という夢だった。

「翌朝、兄はベッドで事切れていました。夜のうちに心不全で急死していたんです。AとS病院で聞いたのも、兄が聞いたのも、幽霊たちの声だったのではないでしょうか」

「ここはどこですか？」（准看護師死体遺棄事件）

今から数年前、多枝《たえ》さんは行きつけのバーのマスターから南大沢《みなみおおさわ》のアクセサリーショップを紹介してもらった。マスターが嵌《は》めていた指輪を褒めたところ、「多枝ちゃんの家の近所の店だよ」と言って教えてもらったのである。どこかと思えば富士見台公園という近所の大きな公園の向こう側で、家から歩いて行けそうだった。

五月初旬のことで、明日からゴールデンウィークに入るというのに、これと言って予定がなかった。そこで翌日さっそく訪ねてみることにした。

当日、午前中は家でのんびりして、正午過ぎに出発した。

八王子の南大沢と言えば賑やかな大型ショッピングモールや現代的なマンション群を思い起こす人が多そうだが、多枝さんの家の辺りには自然環境を活かした緑地が多く、住宅街の雰囲気はのんびりとして、人通りが少ない。

すぐ近所に富士見橋という橋があり、大栗川という川が流れている。この橋を渡って真っ直ぐに歩けば富士見台公園に着く。

その日は朝から快晴で散歩をしたい気分だった。上機嫌で歩いていくと、すぐに橋が見えてきた。手前が十字路になっていて、左側の一角に幾つかのコンテナボックスが二段に積みあげられており「トランクルーム」という看板が出ている。

近年、こういうタイプの安価な貸倉庫が増えてきた。大型車両や船に積むようなコンテナ群は緑豊かな川辺の景色とは不釣り合いだが、仕方ない、これが現代というものだ。

「ちょっとすいません」

トランクルームの横を通りすぎようとしたとき、声を掛けられた。振り向くと、コンテナの前からTシャツを着た女がこちらに歩み寄ってきた。

「ここどこですか？」と軽い関西弁のイントネーションで訊ねられて、多枝さんは少し戸惑い、咄嗟に相手の頭のてっぺんから爪先まで眺めてしまった。

デニムのズボンを穿いているけれど、手ぶらで裸足《はだし》だ。可愛らしい顔立ちで年の頃は三〇手前と思われた。いったいどうしたのだろう……。

「八王子ですよ」と答えると、「えっ」と言ったきり絶句して、途方に暮れている。

関わり合いになると厄介だと思って、「失礼します」と急ぎ足でその場を離れた。しかし歩きだした途端に薄情なことをしたと気が咎めだして、橋の上で振り返ってみた。

だが、すでにどこかへ行ってしまったのか、彼女の姿はなかった。

それから約二週間後、そのトランクルームで若い女性の腐乱死体が発見されてニュースになった。大阪の女性が殺害され、宅配便で「人形」として八王子に運ばれ、あそこにあったコンテナに隠されたのだという。

多枝さんは近所で猟奇的な犯罪が行われたことに驚愕して、あの日訪れたアクセサリーショップに再び足を運び、事件について話題にすると同時に、店主に「ここどこですか」の件を話した。心を病んだ女性と遭遇した話をしたつもりだったが、店主は「あなたもですか」と同情するような眼差しを彼女に向けた。

「あなた以外にも、あの場所で若い女性に話しかけられたというお客さんがいるんですよ。その人も『ここどこですか』と訊かれたんですって。生きた人間だと思ったけれど、その後、事件が発覚して、幽霊だったことに気がつかれたそうですよ。他にも、コンテナの前にじっと佇んでいる女性を見かけたというお客さんもいますから、やはり……いるんでしょうね。もしかすると自分が亡くなったことに気づいていないのかな……」

店主は「かわいそうに」と溜息を吐《つ》いた。

多枝さんは、あのトランクルームのそばを通るのが少し怖くなったが、まさか幽霊なんているはずがないと思って恐怖を打ち消した。

店を出たときには夕方になっており、富士見台公園を通り抜けて橋を渡る頃には、黄昏《たそがれ》もだいぶ深まっていた。

トランクルームのコンテナ群が地面に長い影を落としている。辺りには誰もいないようだった。ホッとして、そばを通りすぎようとしたとき、コンテナとコンテナの間の通路に誰かいることに気づいた。

——ある一つのコンテナの扉の前に、若い女の形をした半透明の白い影が立ちつくしていた。

鞄のマダム

地元商店街の根強い反対を押し切って、そごう八王子店が八王子駅のターミナルビルで開店したのは、私が一六歳の頃だった。

一九八三年のことで、開店直後に家族で訪れてブランドファッションのフロアを冷やかしたりレストラン街で食事をしたりし、それからも度々足を運んだものだ。

良くも悪くも変化をもたらす因子という意味で、駅ビルの百貨店と私たち新興住宅地のニューカマーは同類だった。私たちは、宿場町の時代から培われてきた地場産業や老舗商店の痛みに鈍かった。……しかし時は経ち、今や七、八〇年代からの新興住宅街も衰退が著しい。古い地元商店を犠牲にしてきた八王子の百貨店ブームは、そごう出現によって各店淘汰されて終息したのだが、最後にはこのラスボスも閉店の憂き目を見た。そごう八王子店は二〇一二年に閉店し、現在は別の商業施設に生まれ変わっている。

さて、そんなそごう八王子店が開店してから一、二年後のことだ。時は八〇年代半ば。一九八五年から九一年頃までを「バブル景気時代」と呼ぶそうだが、当時の若者の多くは、今よりも経済的に恵まれていた。少なくとも「金離れのいい、裕福な若者たち」のイメージが世間に浸透していて、八王子のそごうでも若者向けのファッションブランドが一番いいフロアを占めていたし、高級フルーツパーラーとして名高い千疋屋《せんびきや》の支店が入っていて、そこで一品千円超えのジュースやデザートを学生が注文しても批判の声は少なかった。

その頃、横浜の短大生だった里未《さとみ》さんは、八王子付近にキャンパスのある某大学の男子学生と交際していて、待ち合わせやデートの行き帰りのついでに、そごう八王子店の千疋屋フルーツパーラーをよく利用していた。

横浜の実家は、祖父が元官僚で能楽師、父が会社経営者で、どちらかといえば裕福だったが、それだけに躾《しつけ》に厳しく、彼女はボーイフレンドの存在を家族に隠していた。

幸い、恋人が通う大学のサークルに彼女も参加していたので、サークル活動が八王子通いの良い口実になった。そもそも件の男子学生とはサークル活動を通じて知り合ったので、あながち嘘でもなかった。

――とある冬の平日の夕暮れ、里未さんはまたいつものように八王子の千疋屋で優雅なひとときを愉しんでいた。

デートの帰りがけで、連れはなかった。彼女はソファー席に腰を落ち着けると、大好物のフルーツサンドとババロアと紅茶をいっぺんに頼んだ。

そして好きな小説を読みながら時間をかけて堪能していたわけだが、しばらくして、隣の席から視線を感じた。

何かしら……と、ちらりと見やると、六〇代半ばと思われる女性がいた。視線が逸らされた後だったのだろうか。その女性は目の前のテーブルに乗せた鞄を見つめ、両手を中に突っ込んで何かを探しているようすだった。

ひと目見たら忘れられないほど、たいへん個性的なファッションに身を包んだ人で、事実、里未さんはあれから四〇年ほど経ってもよく憶えており、私にこう説明してくれた。

「黒い厚手のパイル地でカラフルで緻密な花の刺繍《ししゅう》が入っている女性向けのハンカチがありますよね？　ああいう生地で作ったシャネルスーツ風のジャケットとスカートのアンサンブルで、同じ生地の大きなガマグチ型のボストンバッグを持っていました。おまけに、大きく結いあげた夜会巻きの黒髪のウィッグを被っていたのです」

――その女性は、ドイツの伝統織物・シュニール織の洋服とバッグを身に着けていたと思われる。シュニール織は肌あたりが非常に柔らかくて厚みがあり、吸水性と保温性に富み、まるで刺繍のように見える緻密で華やかな織模様が特徴だ。シュニール織のタオルハンカチはポピュラーだし、小さなバッグは日本でもときどき見かけるが、高価な生地《きじ》だから、布を多く必要とする洋服や大きな鞄の製品はあるにはあるが珍しい。

実際、変わってはいるものの、一瞥しただけで高級な衣服なのは里未さんにもわかった。

それに、なんと言ってもその女性のたたずまいには気品が感じられた。

「だから心の中でマダムと呼ぶことにしました」とのこと。

さて、マダムは、せわしない手つきで、一泊旅行に最適なように見える大ぶりな鞄の中をしばらく探っていた。マダムのテーブルの上はすでに片づけられて食器はお冷のグラスしか置かれておらず、会計するために財布を見つけようとしているのに違いなかった。

「あなたは、ね」

突然、俯いて鞄を覗き込んだまま、マダムの口もとが動いて、テレビのアニメ番組『ハイジ』のロッテンマイヤーさんを髣髴とさせるような厳格な響きを帯びた声が発せられた。

里末さんはギョッとしてマダムの横顔に注目した。

あいかわらず鞄の中身を注視しているから、今のは独り言だと解釈すべきだった。

しかし、なぜか彼女が自分に向かってこれから意見するつもりでいるような気がした。

見守るうちに、再びマダムは口を開いた。

「あなたは、水が汚れるところを見ていると精神を病んでしまうの。だから、水が綺麗になっていく場所のそばにいるといいでしょう。小学校は残念でした。でも、あの学校は、通うために洗剤の泡が酷い川を渡るので、ダメでした」

里末さんは「小学校は残念」と聞いて、ドキッとした。

かつて彼女が幼稚園児の頃、孫娘を小学校から名門私立女子校に進学させたがった祖父母と、学校は共学でなければいけないと主張した両親が対立した。結局、妥協案として国立大学付属小学校を受験することになったのだが、抽選に外れて、他校を受験する猶予もなく、家族一同が絶望する中、公立の小学校に入学した——という経緯を思い出したのである。

そう。あれはちょっと残念だった。入学式を迎えても祖父母も両親もどんよりと暗い顔をしていたのだ。そのせいで公立小はどんなに恐ろしいところなのかと怯えてしまったものだ。実際には、すぐに友だちもできて、家族がなぜ落胆したのかわからないと思ったのだが。

そう言えば、抽選に落ちた国立大学付属小学校のそばには家庭排水で汚染された川があって、お受験のときに母と手をつないで橋を渡った記憶がある——。

「清らかな水の近くがいい。柔らかい職業の男の人はダメ！」

マダムの声が、再び、一本の矢のように店内のＢＧＭを突き抜けて、里末さんの鼓膜に届いた。

しかし、顔を見ると、また鞄の中に向かって話している。

店内を見渡してみたが、テーブル席に着いているお客は自分とマダムしかいなかった。

店員もレジカウンターの向こうの果物売り場で接客していて、そばには一人もいない。

——もしかすると、私のために未来を占ってくれているのだろうか。

それとも、ひょっとして祖父母の知り合いで、私の彼氏について何か知っていて、警告を与えようとしてくれているのかしら？　彼は映画監督志望で、今も学業はそっちのけで映画の自主制作に打ち込んでいる。「柔らかい職業」とは映画監督のこと？

祖父母が入学させたがっていた名門私立女子校は浄水場の近くにあった。浄水場は「水が綺麗になっていく場所」だ。

マダムが祖父母の知人なら、そういう事情を聞いていても不思議はない。彼氏のことを祖父母に告げ口されたら、大目玉を喰らうぐらいでは済まされないかも……。

くよくよと考え込んでいたら、急に「バチン！」と音を立てて、マダムが小銭をテーブルに叩きつけた。

「わかったら、早く家にお帰りなさい！」

最後にそう言って、初めて里未さんの方を向いてキッと睨みつけた。

今しがたの「バチン！」を聞いた店員が飛んできて、マダムにお愛想を言った。

「すみません、遅くなりまして。いつもありがとうございます。今日はもう紅茶のお代わりはよろしいんですか？」

——常連客らしい。

里未さんは、横浜の家に帰宅してから、いつ祖父母に呼ばれて叱られるかと気が気でなかったが、一週間経っても、家族の態度に変化はなかった。

その後、あのマダムは何者なんだろうと訝しみながら、サークルの女性の先輩がアルバイトしているダイエー八王子店のクレープ屋にクレープを食べに行って、この話をしたところ、

「花模様のついた黒いバッグのおばさんでしょ？　ときどきこの店にも来るよ。なんか、いつもカバンを覗き込みながらブツブツ言ってるのよ。この間は『シッ！　天才が来たから静かに！』って言ってたっけ。あのおばさん、この界隈では有名だと思うけどな」

と教えられた。つまり八王子の名物的な人だというのである。

それから里未さんは、恋人と次第に疎遠になっていって、その後一年足らずで自然消滅の形で別れ、サークルも辞めてしまったので、八王子に行くこともなくなった。

年月が経って、風の噂に、元恋人は映画監督になるべくアメリカに修行に行くなどして努力したが、挫折の連続で夢をあきらめ、結局、失業者になってしまったと聞いた。

その噂を耳にしたとき、彼女は大病院の勤務医と結婚して、金持ちと言うほどではないが多少のゆとりはある生活を堅実に送っていたので、マダムの予言が中《あた》ったように感じた。

さらに一〇年の月日が流れて、彼女は家族と共に、とあるマンションに引っ越した。入居してから気づいたのだが、部屋の窓から見える西側に大きな浄水場があるマンションだった。「水が綺麗になっていく場所」だから縁起が良いと思ったとのこと。実際、そこに住むようになってから良いこと続きなのだという。

尚、学生時代にサークルの先輩がいた今は無きダイエー八王子店の近くには将棋道場があり、そこに未来の永世竜王、一九世名人、国民栄誉賞受賞者である当時小学生の羽生《はぶ》善治《よしはる》名人が通っていた。本当に天才が来ていたのだ。マダムは予言者だったのだろうか？

とある屋敷神

昨今は滅多に見かけなくなってしまったが、八王子にも昔は屋敷神がある家が多かった。家の敷地の一ヶ所、または対になった二ヶ所に小さな祠があって、その家を守護する神さまが祀られている。祀られる神仏はさまざまで地方による違いもあるが、中でも稲荷神は全国的にポピュラーで、中学時代の私の友人宅にも稲荷神を祀った屋敷神の跡があった。それは先住者の時代に破壊されたまま裏庭に打ち捨てられており、そこに近い母屋の壁になぜか獣の爪痕のような引っ掻き傷が無数に刻まれており、ひどく不気味だったものだ。

孝範《たかのり》さんの住まいの近所にも、お稲荷さまを祀っている家がある。個人宅に置かれるものとしては比較的大きな祠が建てられており、瀬戸物の白狐が飾られ、榊《さかき》はいつも青々として、毎日欠かさずお供え物がしてある。かなり大切に敬われているようだ。

その家は、孝範さんの息子が通う小学校の通学路沿いにあり、歩道を通りすがりに祠がよく見えた。子どもたちの目に入るお稲荷さんが大事にされているのは良いことだ。そう思っていたところ、ある日曜日のこと、息子と公園に行った帰りにその家の横に差し掛かると、

「ここのお稲荷さまには青く光る小さな何かが棲んでいるんだよ」

と息子が興奮した面持ちで彼に打ち明けた。

「僕と友だちのBくんには視えるんだ。他の子には視えないみたい。……ほら、そこだよ！」

と指差されたが、いつもの祠があるばかりで、何もいないようだった。

そこで孝範さんは試しにスマホで写真を撮った。すると驚いたことに、祠の前に浮かぶ青い光の玉が写った。

「あっ、スマホで写せた！　お父さん凄いね。おめでとう！」

息子は少しも畏怖心を抱かないようで、軽いノリで喜んでくれたが、孝範さんは不気味に感じた。写真を観察するうちに、それが青い目玉のようにも見えてきたのだ。祠に潜む何者かにじっと見つめられているような気がして、息子の手を引き、急いでその場を離れた。

それからしばらく後に、行きつけの床屋で店主にこのときの話をした。

すると、そばで彼の話を聞いていた理髪師の妻が横合いから身を乗り出してきて、

「あのお稲荷さん、よく祠から出てきて通行人をつまずかせたり小石をぶつけたりするから事あるごとに『ダメよ！』って叱るんだけど、全然言うことを聞かないの」と嘆いた。

道了堂奇譚集（道了堂跡）

《零》湯呑茶碗の記憶

　八王子に引っ越してきた九歳のときから一二、三歳になるまでは、よく道了堂跡《どうりょうどう》に足を運んでいた。小学生のうちはかくれんぼや虫採りに、中学生になると散歩のついでに考えごとをしに訪ねた。当時はまだ本堂などの建物が朽ちてはいたが形を保っていて、堂宇《どうう》に上がり込むこともできた。井戸もあったし、石仏や墓の竿石などの位置も現在とは異なっていた。

　本書の末尾に入れた「谷戸《やと》の女」という連作的な少し長い話にも一つ書いたが、ここで私は幾つか不可思議な現象を体験している。ほとんど既刊の拙著で披露してしまったが、まだ書いていないことが一つだけあって、それは縁側の湯呑茶碗についてだ。

　堂守の住居を兼ねていた本堂の縁側に、高い確率で湯呑が置かれていたのである。

　何の変哲もない瀬戸物の湯呑が茶托《ちゃたく》に乗せられているのだが、たいがいの場合、今しがたまで誰かがそこで白湯《さゆ》か何かを飲んでいたかのように中が濡れていた。

子どもだった私は、それを見るたびにうなじの毛が逆立つような薄ら寒い心地がして、湯呑に触ってみる気がしなかった。

《一》それは誰

瑞希《みずき》さんは、市内の都立高校に通っていた頃に、気の合う同級生五、六人と連れ立って、道了堂跡へ肝試しに行きかけた経験がある。

夏休みに入った直後のことで、前々から計画して日時を決め、みんなで集合場所に決めた道了堂跡の石段の下にワクワクしながら駆けつけた。ところが、いよいよ……というときになって貧血を起こしてしまった。頭がクラクラして一歩も動けず、仕方なくそこで休んで待つことにして、石段を上っていく仲間を見送った。

傍らにあった石碑の台に腰かけてぼんやりしていると、しばらくして、全員が騒がしく石段を駆け下りてきた。

瑞希さんは「どうしたの？」と立ちあがって訊ねた。急に下りてきたから何があったのか不思議に思ったのだが、そんな彼女を見た途端、仲間の方が動揺してざわついた。

「境内を探検していたら、おまえがいきなり走りだしたから、追いかけてきたんだよ」

「え？　私はずっとここで座ってたよ？」

「いいや！　俺たちと一緒に来たじゃないか！」

みんなが口々に話した内容をまとめると、瑞希さんも一緒に石段を上って道了堂跡の境内に入り、しかる後に境内から走って逃げていくので、全員で追いかけた。ところが彼女は石段に座って休んでいたので、わけがわからなくなった――ということだ。

《二》四角い竹

これは怪談ではないけれど、珍しい逸話という字義のとおりの奇譚ではある。

現在四七歳になる治明《はるあき》さんの家は、先祖代々この地に住んできた地主の家系だ。彼の父によれば、打越には大久保姓が、片倉には川畑姓が、北野には石坂姓と田城姓の家が昔は多かったという。彼の父は七七歳でまだ健在であり、地元に詳しい。

治明さんのお父上曰く、絹の道は戦国時代から存在し、道了堂があった場所はその頃の砦の跡だというのだが、真偽のほどはわからない。

さて、そんな彼の父は子どもの頃、よく数人の友だちと誘い合って、道了堂に生えている筍《たけのこ》を採りに行っていたそうだ。それは断面が四角い、珍しい種類の筍で、春ではなく秋に採れるのだった。町に持っていくと高く売れた。

しかし道了堂に住んでいるおばあさんに見つかると、さあ大変。鬼の形相で箒《ほうき》を持って飛び出してきた。その顔の怖いことと言ったら、夢に出てきてうなされるほどで、捕まればこっぴどく叱られた。ワアワアと叫びながら散り散りに逃げたことが何度もあった。

その後、件のおばあさんが亡くなったとき、彼は一八か一九で、何年も前に筍盗りを卒業していた。殺されたと聞いて、子どもの頃の筍泥棒を深く悔やんだそうである。

――四角い筍は、四方竹《しほうちく》という中国原産の竹の筍だと思われる。

四角っぽい断面が特徴で冬でも青々としていることから園芸に向いており、またふつうの筍が出回らなくなる秋が収穫期で味が良いことから食用としても人気があるが、日本では高知県が主要な栽培地で、関東ではあまり知られていない。

道了堂の堂守だった浅井としは、晩年、村人を遠ざけた代わりに、犬猫に限らず兎や野鳥などの生き物も餌付けして愛で、また、境内でさまざまな種類の草木を栽培していたという。

だから四方竹もわざわざ取り寄せて育てていたのだろう。

――珍奇な植物と獣たちに囲まれた山中の老女。私は西洋の白魔女を連想してしまったのだが、道了堂は仏教施設だったから、お釈迦さまを想い浮かべた方が適切かもしれない。

《三》クルクルと

九〇年代後半、道了堂跡は八王子で一、二を争う肝試しのメッカだった。今も昔も肝試しを楽しむのは主に子どもや若い人たちだ。八王子で生まれ育った治明さんは当時大学生で、あるとき同い年の仲間たち三人と道了堂跡で肝試しをやろうということになり、地元民は彼ひとりだったので、自ずと案内役を任された。

八月の熱帯夜、治明さんと男の友人がハイエースに乗って先導し、その後を女学生二人が軽自動車でついていく形で出発して、深夜零時にお堂の跡がある大塚山の麓に到着した。

そこから先は、車幅が広いハイエースでは通れない狭い坂道になる。治明さんが軽自動車の運転を代わり、友人を横の助手席に、女の子たちには後部座席に移動してもらった。

車を乗り替えるために一瞬、外に出たら、夜だというのに茹《う》だるような蒸し暑さ。

みんなで急いで軽自動車に乗り込んで、ヘッドライトで前方の石畳を照らしながら、そろそろと坂道を上りはじめた。

治明さんには勝手知ったる道である。やがて鑓水給水所の貯水タンクの裏辺りに差しかかった。ここで車を降りて後は徒歩で行くことになる。ところが車を停めようとしたそのとき、軽自動車のタイヤがクルクルと空回りをしはじめた。

地面がぬかるんでいるわけでもないのに、油で滑っているかのようにクルクルクルクルと虚しくタイヤが回転するばかり。辺りは真っ暗闇で助けを呼ぼうにも人気《ひとけ》もない。

助手席の友人は「マニュアルギアが壊れたのかな」と、怯えた口ぶりで呟いた。

しかし怖いことには、アクセルペダルから足を離しても、タイヤの回転が止まなかった。

女の子たちが「もういいよ。帰ろうよ」と泣きそうな声で後ろの席から訴えた。

エンジンを切るとタイヤの回転が止まった。全員で車を押して、ハイエースが停めてあるところに戻ったのだが、タイヤが謎の空回りをしたときと匹敵するほどの怖さをその間ずっと感じていたという。

車を押している自分たちを背中から押し包む分厚い闇に、何者かが潜んでいて、襲いかかる機会を窺っているような気がしたとのこと……。

その後、軽自動車はどうしてもエンジンが掛からなくなってしまい、ハイエースで牽引して帰ることになった。女学生たちは、そこから三〇キロも離れた小平市のアパートに住んでおり、二人を送りとどけたときには白々と夜が明けはじめていた。

《四》鐘の音

私には、片倉の実家で三人の子どもたちや両親と同居している三つ年下の妹がある。彼女は、小さな頃から幽霊を視たり怪しい現象に遭遇したりすることが多かった。そのため、ちょっとやそっとの怪異では感情が揺れなくなっているようだ。

つい先日も、八王子の怪談実話を書く運びになったと告げたところ、

「じゃあ、あれについて書けば？　毎日、夕方になると道了堂跡の鐘の音が鳴り響いてくるでしょう？　お寺の鐘楼《しょうろう》でゴーンと撞《つ》いて鳴らす、ああいう鐘よ」

と、当然のように妙なことを言いだした。

道了堂跡には、そんな鐘など存在しない。

実家付近のそういった鐘は、東京工科大学の裏手にある「御殿峠《ごてんとうげ》文化の鐘」だけだ。

絹の道から側道に逸れると、八王子バイパスをまたぐ道了山跨道橋という陸橋があり、その先の山道を進んでいくと地蔵尊の供養塔と赤い鐘楼が見つかる。これが御殿峠文化の

鐘で、昔この辺りで自殺した女学生の霊を慰めるために近隣住民が出資して建てたそうだ。

実家からは地図上で約一キロ。風向きによっては鐘が聞こえる可能性があり得ると私が指摘すると、妹は即座に否定した。

「道了堂とは方角が全然違うじゃない。それに、その鐘は定時に鳴らされるの？」

たしかに文化の鐘は実家から見て西、道了堂は東で、方角が真逆だ。

また、文化の鐘は、ずいぶん前から近くの老人ホームが管理していて、物好きなハイカーがごくたまに通りかかりに鳴らすだけなので、定時どころか滅多に鳴らない。

さらに妹は、今は小学校高学年になった末娘にも、ごく幼い頃からその鐘の音は聞こえているし、昨日も一緒に聞いたばかりだと私に説いた。つまり証人がいるというのだ。

そのとき私は、そろそろ日暮れどきだと気がついた。

「ねえ、その鐘って何時に鳴るの？」

昔は時の鐘として日に一二回も鳴らしたというが、昨今の寺院は近辺の住人に気兼ねして、ふだんは梵鐘《ぼんしょう》を鳴らさないか、撞くとしても早朝の暁鐘《ぎょうしょう》と夕方の昏鐘《こんしょう》の二回だけか、暁鐘か昏鐘の一回のみで済ませる場合が多い。それも毎日ではなく、たとえば八の付く日の夕方のみ、夏は午後六時、冬は午後五時に昏鐘だけに限るといったことがざらだ。

今なら夏季ということになろうか。妹は、あっさりした口調で「六時頃かな」と答えた。

私は時計を見て軽く驚いた。「あと一分もないじゃない」

「そうね。そろそろ鳴りそう。……窓を開けてみる。そっちまで聞こえるかもしれないよ」

ガラガラと窓を開ける音がして、私が「まさか、本当にそんなことが」と言いかけたとき、ゴーンゴーン……と鐘の音が電話の向こうから伝わってきた。

六回鳴って、静かになった。

「……ね？　どうして今さら驚いているの？　うちがここに引っ越してきた頃から、ほとんど毎日聞こえてきていたじゃない？」

私は聞いたことがなかった。九歳から二一歳で最初の結婚をするまでそこに暮らしてきた。前夫と離婚して出戻っていた時期もあった。しかし一度たりとて……。

本当にあの鐘の音は、黄昏どきになるとは実家の周辺に響き渡っているのだろうか？

私には、そうは思えない。理由はすでに述べたとおり。道了堂跡に鐘はなく、御殿峠文化の鐘は気まぐれに撞く者ですら稀にしかいない状況だからだ。

霊的な梵鐘などというものは本で読んだことも聞いたこともないけれど、妹を介していたから、たまたま私の鼓膜にも届いてしまっただけで、此岸《しがん》の音ではないと思われた。

――夕暮れの町に幻の昏鐘が響き渡ると、魑魅魍魎《ちみもうりょう》の刻がやってくる。

どうもあれ以来、そんな幻想に囚われてしまうのだ。

生まれつきの霊感

浩明《ひろあき》さんには、ご自身の息子の特別な才能について考えるとき、真っ先に思い出す出来事があるという。それは結婚して間もない頃に起きた。

深夜二時ちょうどに浩明さんの携帯電話に電話が掛かってくるようになり、最初は無視していたが、翌日の夜も、またその次の夜も、きまって同じ時刻に着信があったことから、四回目のとき、とうとうたまりかねて電話に出たのだという。

「はい！　どちらさま？」

すると、年老いた女性のか細い声が「……かけてきた」と電話口の向こうで応え、その直後に、言葉を返す間もなく通話が切られた。

間違い電話だろうか。だったら、こちらの声を聞いてそうと悟り、もう掛けてこなくなるかもしれないと思った。着信履歴に発信者の電話番号が残っていたので、再び掛かってきたときに確認できるように、念のためその番号を登録しておいた。

——果たして、明くる日も午前二時になると、件の電話番号から携帯に着信があった。

「なんの用ですか？　こんな時間に、迷惑ですよ！」

浩明さんが抗議すると、昨夜と同じ老婆の声が呟いた。

「かけてきた。……かけてきた」

浩明さんは「ハア？」と不機嫌を隠さず大声で返して通話を切った。

今度という今度は我慢がならない。そこで翌日、会社の昼休みにその番号に電話した。

すると、「ハイ。○○商店です」と明るい声の男性が電話口に出た。

彼は、この男の祖母か母親がボケてしまって夜中に電話をしているのだろうと咄嗟に推理した。そこで努めて冷静に「毎晩午前二時に、この番号から電話があって困っている。お宅の年寄りがやっているのだと思うが、どうか注意して電話を掛けさせないでほしい」と相談しようとした。ところが、「お宅の年寄りが……」と言いかけると、「ちょっと待ってください」と○○商店の男に話を遮られた。

「本当にこの番号から掛かってきましたか？　これは店舗の代表電話の番号で、夜九時には店主の私も自宅に引き揚げてしまうんですよ。うちの従業員は若い者ばかりですし」

「え？　つまり、そこには深夜は誰もいなくなるのですか？」

「はい。店舗として借りているだけなので。番号をお間違えではないでしょうか？」

仕方なく謝罪して電話を切ったが、着信履歴の番号にコールバックしたのだから番号を押し間違えるわけがなかった。不気味に感じて、その番号を着信拒否にした。

それから間もなく、彼の妻が妊娠したことがわかった。

赤ん坊は無事に月齢を重ねて、そのうち男の子だとわかった。

息子が誕生し、健やかに成長して、二歳になる頃には片言でお喋りしはじめた。

可愛くて仕方がなく、浩明さんは暇さえあれば息子に話しかけていた。

そんなある日、ふいに息子が不思議な話をしはじめた。

「お空で遊んでたら、ママが見えたから、かけてきたの」

「……かけてきた？」

「うん。下にママがいたの。ママ可愛かったよ。だから走ってきて、ポンポンに入った」

——駆けてきたのか！　あの電話は、そういうことだったのか！

浩明さんは電話の謎が解けたと思った。老婆の声は、息子が誕生することを予言していたに違いなかった。

彼の息子は、このときは生まれる前のことを鮮明に憶えているようだった。その後、次第に思い出せなくなっていったが、授胎前の記憶と入れ替わるかのように、一種の霊感を発現させはじめた。

浩明さんは、八王子市内のマンションの三階に新婚当初から住んでいた。

息子によれば、その部屋の窓から若い女性が頻繁に侵入してくるのだという。息子がそう訴えだしたのは三歳の頃だったが、それから時折、「窓から入ってくるおねえさん」について彼と妻に打ち明けるようになった。

――その女性は、縦ストライプ柄のワンピースを着て、長い黒髪を風になびかせて窓のところまで飛んでくると、ガラスをすり抜けて入ってくるのだという。

「部屋の中をうろうろしながら、勝手に怒ったり泣いたりしているんだよ。でも、僕が目を瞑って『あっち行け！』と強く思うと、パッと消えちゃうんだ！」

あるとき息子がそんなことを言うので「それは怖いね」と彼が返したところ、息子は「うん」と否定して「怖くないよ。遊んでくれるときもあるんだ」と応えた。

妻によると、日中、たまに子ども部屋から息子が楽しそうに話す声がすることがあるが、そういうときに部屋を覗いてみると息子以外誰もおらず、ただ、何者かと遊んでいたような痕跡が残っているのだという。たとえば、ボードゲームの相手が煙のように消えたとしか見えない状況や、息子以外のもう一人の分の食べかけのおやつを見つけるなど……。

妻は、「だから『誰と遊んでいたの？』と質問するとね、あの子は決まって『おねえさん』って答えるのよ」と彼に話した。

しかし浩明さんは妻からそんな報告を受けても、当初、「おねえさん」は息子のイマジナリーフレンドかもしれないと疑っていた。

とはいえ、息子があまりにもしょっちゅう、不思議なものを視たり聞いたりしているようなので、次第に彼も、うちの子にはもしや霊感があるのでは……と思いはじめた。


やがて、こんなことが起きた。

当時七歳の息子を連れて、二人で上恩方町の市営観光農園兼レクリエーション施設「夕やけ小やけふれあいの里」に遊びに行った折だった。帰り道に、陣馬街道の梛沢橋という橋のそばを自動車で通りかかったら、急に息子が助手席から腕を伸ばしてしがみついてきたのである。

「怖い！　この道は通りたくない！　お父さん、あっちに戻ろう！」

「もう帰るんだから戻れないよ。どうしたんだい？」

見れば息子は恐怖のあまりガタガタ震えて涙ぐみ、真っ青になっている。驚きながら、とりあえず「目を閉じていなさい」と言って、そこを通りすぎた。

梛沢橋から離れると、息子は落ち着いたようすを取り戻した。そこで、さっきの場所で何を見たのかあらためて訊ねると、こんな答えが返ってきた。

「女の看護師さんが車椅子を押しながら、何かから逃げて走っていたんだよ。物凄く怖がってる顔をして、建物の方からこっちに必死で走ってきたんだ。あの看護師さんの後ろから怖いものが来そうだったんだよ、お父さん！」

「……その看護師さんが押している車椅子には患者さんが乗っていたのかな？」

「うんと歳を取ったおじいさんが乗っていたよ。死んでいるみたいに見えた」

息子の記憶が非常に鮮明なことに興味を覚えて、浩明さんは、その後、あの場所に何があるのか調べてみた。すると、あの橋のそばに廃墟になった医療施設があることが判明した。

そのときから浩明さんは息子に霊感があることを確信するようになったそうだ。

それから八年余りが経ち、彼の息子が怖い光景を幻視した廃墟は撤去され、今は草木が生い茂っているばかりだという。

三叉路から連れてきた

今から一七年ほど前のこと。その頃、帆奈美《ほなみ》さんは家族と共に楢原《ならはら》の高架橋のそばに住んでいた。中央自動車道の高架の下を潜る道路がそこで二股に別れて三叉路《さんさろ》となり、一方は神社がある方へ、もう一方は帆奈美さんたちが暮らす家の方へと続いていた。

当時は三叉路の交差点に煙草の自動販売機があり、彼女はときどきそこで煙草を買っていた。その秋の夕方も、うっかり煙草を切らしてしまったことに気がついて、晩御飯の支度に取りかかる前に買っておこうと思い、小銭入れを握りしめて急いで行ったところだった。

ルームウェアにボサボサ頭で、化粧もしておらず、いわゆる便所サンダルを突っかけてきてしまったが、家から一分とかからない場所だから問題ないと高を括っていた。

ところが、自販機に小銭を落とし込んだとき、間近から少年たちの話し声が聞こえてきた。

——うちの娘ぐらいの年頃の子たちかしら？

ペチャクチャと楽しそうに会話している。その声の高さから推して、ちょうど八歳か九歳くらいの男の子たちだと直感した。だったら娘と同じ学校の同級生の可能性も低くない。

授業参観や運動会のときに顔を合わせたことのある子だったら、どうしよう。

家に帰ってから親に「○○ちゃんのお母さんがだらしない格好で煙草を買ってたよ」などと告げ口するかもしれない。そんなことになったら、娘の評判に差し障る。

彼女は咄嗟に顔をうつむけて、自販機の受け口から煙草の箱を素早く取り出した。そして下を向いたままそそくさと立ち去ろうとして……少年たちの声がスイッチを切ったかのようにピタッと止んだのに気がついた。

振り返ってみたら、子どもはおろか人影というものが周囲にまったく見当たらない。三叉路の辻にいるのは帆奈美さん独りだけだった。

髪の根が逆立つほどゾッとして、寒気を覚えつつ走って家に帰ると、玄関で出迎えてくれた娘に「二人も連れてきた」と呆れられた。

「片方は子どもの幽霊だけど、もう一人はよくわからないモノだね。でも大丈夫。どっちも強くなさそうだから、自然にそのうちいなくなるよ」

娘がそう言った途端、彼女が立ち尽くしている玄関から家の奥を目指して、軽い足音が二人分、パタパタと廊下を走って遠ざかった。

迷獣《めいじゅう》

真琴《まこと》さんは当時二〇歳《はたち》の駆け出しグラビアアイドルで、それだけでは収入が乏しかったことから、八王子市内の実家に住んで飲食店でアルバイトをしていた。

普通自動車の免許を取って間もない頃でもあり、仕事が入っていないときは、家族の送迎や買い出しのために運転係を進んで担当していたものだ。

そのときは夕食後に暇にしていたら、妹から携帯電話に連絡が入り、迎えに来てほしいと頼まれて車を出した。

真琴さんたちの家は市街地にあり、妹がいる場所はそこから車で二〇分あまり北上した少し辺鄙《へんぴ》な辺りだった。

彼女の妹はその近くの都立高校三年生で、いつも悪い友だちとつるんでいた。その日も夕飯どきになっても帰宅せず、高校の近くで不良仲間とたむろしていたのである。

まだガラケーの時代だったから、妹から電話で聞いた住所を頼りに行くしかなかった。

訪ねたことのない場所だったが、地図で確かめたところ、中央線の下を潜《くぐ》り抜けて高尾駅のそばを通りすぎたら、あとはひたすら道路を直進するだけだとわかってホッとした。

出発して一〇分ほどで、中央線の高架が見えてきた。時計で時刻を確認したら、午後八時ちょうど。もう道程の半ばに差し掛かったことになる。

そこからまた少し前進すると、十字路があり、そこから先の道路には「都道46号線」という路面標識が記されていた。地図には「高尾街道」という通称も載っていた。

ここからは、この道を道なりに真っ直ぐ行くだけだ。道路はとても空いていて、急ぐ必要もない。真琴さんは安心して、信号待ちのときに携帯電話を取り出すと、妹に電話した。

「もしもし？　今、高尾街道に入ったところ。あんた、この道沿いにいるのよね？」

「うん。じゃあ、もうすぐ道路の右側に武蔵陵墓地が見えてくるはず。山みたいな所だよ」

「ああ、なんか昔、中学校の社会科で習ったかもしれない。皇室の墓地だよね？」

「そう。木がいっぱいあるの。その横を通りすぎると城山大橋って橋が……」

急に妹の声が遠くなって途切れてしまった。通話は繋がっているのだが、声がまったく聞こえなくなった。「もしもーし！」と大声で呼びかけても返事がない。

――電波が悪いのかしら。

彼女は妹と会話するのをあきらめて電話を切った。

そのとき、二車線のはずの道路が、この先は一車線になっていることに気づいた。

さらに、道を進むにつれて道幅が狭くなってきて、ついには路面のアスファルト舗装が消えてしまった。しかも上り坂になってきた。一本道のはずなのに……。

不安を覚えつつ坂を上っていくと、途中で「八王子城跡」と書いた看板が目に入った。

思わず車を停めた。ここまで気づかなかったのもおかしな話だが、停車してみたら、周囲が底の知れないぬばたまの闇に包まれていることがわかった。

震える手でダッシュボードから地図を取り出して確認したところ、城山大橋を起点とすると、妹のいる方と八王子城跡とでは一八〇度、方角が違っていた。

そもそも、ここが本当に八王子城跡の付近なのかもわからない。辺りのようすからは、奥深い山の中に彷徨《さまよ》い込んだとしか思えない。

「もしもし！　もしもし⁉」――妹に電話を掛けると、繋がったようなのに、ザーッと激しい風の音のような雑音がして、数秒でブツッと通話が切れてしまった。

胃袋が咽喉《のど》までせりあがってきたように感じ、呼吸が乱れて、今しも倒れそうな気がした。

すると、なぜか謝罪の言葉が口を衝いて飛びだした。

「ごめんなさい！　もうしません！　赦してください！」

――何も悪いことをしていない。そんな覚えは一つもないのに。

「ごめんなさい！　ごめんなさい！　ごめんなさい！」

わけがわからず、ひどく取り乱して何度も謝りつつ、車をバックさせた。

二〇〇メートルも坂道をバックで下ったら、いきなり大きな道路に滑り出た。

途端に携帯電話が鳴った。妹からの電話だった。

「どうしたの？　平気？　全然電話が繋がらないから心配したよ。今どこにいるの？」

「ええっと……」周囲に視線を走らせると、高尾街道の路面標識が目に飛び込んできた。

「……元の道に戻れた！」

安堵のあまり泣きながら車を走らせていくと、間もなく妹のもとへ辿り着いた。

その辺りは住宅街で、庭付きの一戸建てが道の両側に整然と並んでいた。真琴さんは、
妹を助手席に乗せるとすぐに、さっき起きたばかりの出来事を説明しようとした。

ところが彼女が口を開くのと同時に、車の前を奇怪な獣が横切ったのだった。

それは猫ぐらいの大きさで、一本も毛が生えておらず、人間の顔をしていた。

忌《い》み地の友

真琴さんの生家《せいか》の近所には雑木林に覆われた小高い丘があって、昔そこで首を吊って自殺した人がいたと噂されていた。

昔というのがどれほど前かもわからない、半ば伝説化した地域の噂に過ぎないのに、なぜかその付近で怪奇現象が多発し、近隣住民の間では、この辺り一帯が忌み地であると決めつけられていた。

彼女の幼なじみの最初の家には、女の幽霊が棲みついていた。

それは階段のいちばん下の段に腰を下ろしていたかと思うと、食卓のテーブルに潜り込んで、食事中の家族の顔を上目遣いに見上げたりしたので、入居から一年も経たず幼なじみとその家族はその家を逃げ出し、右隣に建っていた家に引っ越した。

隣に移っただけなのに、幽霊に悩まされることが各段に減ったという。今の家は、せいぜいラップ音が鳴る程度で、どうということはないらしい。

真琴さんは、それを聞いて羨ましく思った。

なぜなら彼女の家では、ラップ音より、もっと奇妙なことが起きていたのだ。

深夜零時になると、居間の壁の後ろから、階段を上っていくような足音が繰り返し聞こえてくるのだが、その壁の裏には階段なんて存在しないのだった。

無数の人々に家の周りを取り囲まれているように感じることも珍しくなかった。

まだ実家にいた二一歳のとき、件の幼なじみと電話でお喋りしていたら、途中でザーッと昔のテレビの砂嵐のような音が電話の中から聞こえてきた。

耳を澄ますと、砂嵐の奥で大勢の人々の声がザワザワしている。

大群衆のガヤのようだ。

時計を見ると、時刻は深夜零時。

「出る時間になったから、電話はもう終わりにしよう」と真琴さんが提案すると、幼なじみは「そうだね」と、あっさりと応じた。

宵闇の霊園（都立八王子霊園）

晃彦さんは一二年前に八王子の美山町《みやま》に引っ越してきた。就職した職場が八王子市内にあり、最初のうちは東京都心の実家から通勤していたのだが、勤めが長くなるに従い、職住接近を図りたい気持ちが強まった。思い切って移り住んでみて満足している。

美山町は、町域の中央を流れる出入川を囲む細長い平野部と川を挟む丘陵地域から成り、町の南部に住宅が多く、北部には採石場や工業会社の作業場などが多い。

ここで暮らしはじめてから、彼はウォーキングにハマった。買い物や通勤に自動車を使いがちだから足腰を鍛えるため、というのもあるが、長閑な風景や澄んだ空気が散歩に最適だったからだ。近頃ではすっかり脚が丈夫になり、一時間や二時間は楽に歩けてしまう。

一昨年の一月中旬に高尾駅の駅前で友人たちと新年会を開いたときも、会場の居酒屋まで自宅から歩いていった。およそ七・三キロの平坦なルートで、彼のペースなら一時間半で到着できる見込みだ。美山通りの歩道を南下するだけの単純な道筋だが、途中には都立八王子霊園や武蔵陵墓地があり、景色が変化に富んでいる。

八王子霊園の辺りに差し掛かったのは、午後四時を少し過ぎた頃だった。新年会は六時からだから、早めに会場に着くことが予想できた。車両通行不可になっている霊園の出入り口が歩道の横にあり、排気ガスとは無縁な浄《きよ》い空間が目の前に広がっていた。

少し遠回りしても六時には充分に間に合うと思ったら、自ずと足がそちらに向いていた。

初めは気分よく歩いていたが、一〇分もすると、霊園に入ってから一人の人影も見かけていないことに思い至った。ここは東京ドーム約一四個分の広さを誇るそうだから、さぞかし大勢の死者が葬られていることだろう。……この内で、生きている人間は自分だけ。

急に、無数の亡者に取り囲まれているような気がしてきて、鳥肌が立った。

と、そこへ、真後ろから足音が駆けてきたので、思わず跳びあがってしまった。

振り返ると、ラクダ色の全身タイツに身を包んだ裸足の男が、かなりの速度で迫ってきていた。眉間に皺《しわ》を寄せた険しい表情で、正面の一点を見つめて、こちらへ走ってくる。

慌てて脇に避けた。すると男は速度を緩めずに彼の前を駆け抜けて――暗闇に吸い込まれていった。辺りが急に暗くなり、慄《おのの》きながら時計を見たら、霊園に入ってから一時間も過ぎていた。そんな馬鹿な。呆然とする彼に容赦なく闇が迫ってきた。

電話ボックスに独りきり（都立八王子霊園）

五年前の夏休み、当時一九歳の真彩さんは、泊りがけで遊びに来た同い年の従妹《いとこ》と「例の電話ボックスに入る」というくだらない遊びをした。家から自動車で五分ほどの八王子霊園に行って東門のそばにある電話ボックスに入ってくるだけという、単純すぎて肝試しとも呼べないようなおふざけだった。夕食後、怪談好きな従妹に付き合って八王子の怖い噂を披露しているうちに「連れていって」と頼まれ、面白そうだとつい思ってしまったのである。

問題の電話ボックスに着いたときには、夜中の零時を回っていた。

深夜、これに入ると「ガラスに女の顔が浮かびあがる」「帰り道で幽霊に呼びとめられる（振り返ると祟られる）」「赤いコートを着た女の霊に襲われる」などと噂されているのだ。

二人で入ってみたが、異常なことが起きる気配もなければ、恐ろしくもなんともない。

「ジャンケンで負けた方が独りで入ってみる？」と真彩さんが提案して、従妹が負けた。

しかし怖がるどころか、かえって「スマホで撮って。ホラー好きな友だちに見せて自慢する！」と大喜びしている。真彩さんは苦笑いして、先に電話ボックスから出た。そして、電話ボックスの方を向いてスマホを構えたのだが。

——従妹がいない。電話ボックスの透明な壁を透かして向こう側の景色が見えていた。

「え？」と驚いてスマホを下げ、あらためて電話ボックスを目視すると、ちゃんと彼女は中にいた。ポーズを取っておどけている。「変だな」と独り言を呟きながら写真を撮った。

「その夜、帰宅してから従妹は熱を出し、翌日叔母が迎えに来て帰っていったんですが、一週間後に入院して、そのまま帰らぬ人になりました。病気知らずの丈夫な子だったのに、劇症型心筋炎という心臓の病気に罹っていて、助かりませんでした。偶然だと言って慰めてくれる人もいるのですが……従妹を独りきりで入らせたのは、私ですから……」

今も悔やまれてならないということだ。

エレベーターの赤い女

路美《ろみ》さんは若い頃、小劇団の舞台に立っており、後の夫となる同じ劇団の演出家と付き合っていた。交際期間は四年に及び、最後の方はラブホテルか彼のアパートに泊まってばかりいた。その八王子駅前のラブホテルに行ったのは、そんな時期のことであった。

八王子駅南口付近の老舗のラブホテルで、昼の光の下だと建物の傷みが少し目立つが、夜になると青とピンクのネオンサインが点灯して、一気に艶《なま》めかしい雰囲気になる。野猿街道と南大通りの交差点のそばにそびえる大きな建物でもあり、周囲に目立つ建築物があまりないことから、地元では昔から一種のランドマークともなっている。

路美さんたちは二人とも八王子出身だったので、以前からこのラブホテルの存在を知っていた。いつか入ってみようと二人で会話したこともあって、ついに訪ねてみた次第だ。

夏の初めの夜一〇時頃、駅ビルから徒歩でやってきて、エントランスを潜った。

ここはラブホテルには珍しく対面式の受付がある。一階からエレベーターを上がり、二階の受付で部屋を選んで料金を前払いするシステムだ。エレベーターは二基あって、彼がボタンを押すと右側のカゴが開いた。誰も乗っていなかった。

二階で受付を済ませて、ルームキーを受け取り、再びエレベーターのボタンを押した。三階から七階までが客室階で、彼女たちが選んだ部屋は五階にあった。

すぐに左側のエレベーターが着いて、扉が開いた。うきうきと乗り込んで行き先ボタンを押した直後に、気がついた。

右側の奥の角に、壁の方を向いて立っている女がいた。

濡れた髪を頭や肩に張りつかせており、よく見れば頭だけでなく全身ずぶ濡れで、下水溝のような不潔な悪臭を漂わせていた。濡れているせいか黒ずんで見える赤いワンピースを着ているのだが、裾から水が滴り落ちていて、床に水溜まりができている。

路美さんは咄嗟に降りたくなったが、時すでに遅く、エレベーターはもう動き出していた。

二人はくっつき合って、横目で女を見張りながら耐え、五階に到着すると素早く降りた。

「今の女の人、おかしかったね」と路美さんが話しかけると、彼は引き攣った笑みを浮かべて、「気がついた?」と彼女に訊ねた。

「うん。びしょ濡れだった」

「それもそうだけど……行き先ボタンが押されていなかったんだよ」

それは奇妙だと路美さんも思った。

一階で乗り込んで、誰かがボタンを押すのを待っていた？　でも、なんのために？

「お化けみたいだったけど、実体があったよね」と彼が言い、路美さんはうなずいた。

そう。確かに幽霊のようではなかった。体が透けているわけでもなく、水滴が滴る音もかすかに聞こえていた。足もとには水溜まりもあった。

彼女は「妖怪だったりして」と冗談めかして言い、彼の反応を窺った。

笑い飛ばしてくれることを期待したのだが、彼は真顔で「あの女の人は、何か事件に巻き込まれたのかもしれない」と呟いた。

「……怖いな。関わり合いになりたくない。僕たち、もうここには来ない方がよさそうだ」

さっきの女が生身の人間だとしたらそう考えるのが道理だと路美さんも思った。


ところが、一夜明けて、翌日の午前一〇時にチェックアウトしてエレベーターに乗り込んだところ、昨夜と寸分違わぬ格好で、あの濡れそぼった赤い女が壁を向いて立っていた。

エレベーターは二基あって、到着した方に乗り込んだだけである。昨日も今日も左側のカゴだったのは偶然だろうか。

すぐに降りようとしたのだが、異常に早くドアが閉まって、「開」ボタンを押しても開かなかった。

彼が震える手で路美さんを抱き寄せ、片手を伸ばして、すぐ下の四階のボタンを押した。しかし、四階のボタンは点灯しなかった。三階も二階も試してみたが駄目だった。一階のボタンは点灯した。

路美さんと恋人は、結局、五階から一階まで赤い女と乗り合わせるはめになった。しがみつき合ってやりすごし、扉が開くと同時に外に飛び出した。

最後に振り返ったときも、女はカゴの隅で壁を向いたまま微動だにせず、ポタリポタリと水を滴らせながら突っ立っていた。

蛇谷の家

一九七一年生まれの未春《みはる》さんは、生まれたときから成人するまで八王子市の北東部に住んでいた。父方の祖父がそこに土地を購入して二世帯住宅を建て、未春さんの両親と同居した。その後、彼女と弟が生まれた。六人家族だった時期は短く、未春さんが物心つく前に祖父母は相次いで亡くなった。

現在、実家の周囲は住宅で埋め尽くされているが、未春さんが幼い頃は空き地だらけで、背の低い灌木《かんぼく》と雑草に覆われた丘が造成中の土地を取り囲んでおり、狸《たぬき》や野兎《のうさぎ》などの野生動物を見かけることも多かった。

開発途上の新興住宅街には小さな商店しかなく、まとまった買い物や歯医者、病院などの用は、家から南へ下っていった市街地で済ませていた。八王子は古くから宿場町として開けていたから、街に行くと先祖代々生え抜きの住人も多い。

未春さんが小学生の頃のことだが、街の歯科医院に行った母が憤慨して帰ってきた。

「あの歯医者さんってば、ひどいことを言うのよ。うちの辺りは蛇谷《じゃたに》といって、いわゆる忌み地なんですって。悪気はないのかもしれないけど『よくあんな場所に住んでいられるね。そこいらじゅう蛇だらけだろう?』って真顔で訊いてくるなんて、失礼しちゃうわ」

――ちなみに蛇谷、蛇崩《じゃくずれ》といった、名前に「蛇」が付く土地は、畑中章宏《はたなかあきひろ》先生の著作『災害と妖怪　柳田国男と歩く日本の天変地異』によれば、昔から洪水や鉄砲水が多かった地域だという。

現代の地名には蛇の字は付いておらず、未春さんの祖父もそんなこととは露知らず、移住を決めた次第だ。しかし、その後に起きた出来事を鑑みると、自然災害とは別の理由もあって昔から疎まれてきた場所だったのでは、と、私は疑いたくなってしまったのだが。


未春さんが二階に個室を与えられたのは、中学校に入学する直前のことだ。

そこは昔は祖父母の寝室だった部屋だった。ここ二年ほど両親と弟の寝室になっていたけれど、その前は祖父母の死から一〇年間ほど空いていたので傷んでおらず、とても広々としていた。四枚引きの掃き出し窓からベランダに出ることができた。

このベランダは、家の周りを一周する一階の庇《ひさし》と繋がっており、これが平らで幅が七〇センチほどもあったので、やろうと思えば家の周りをグルグルと回れた。実際、未春さんと弟は、子どもの頃に何度かそうやって遊んだものだ。

ベランダに出る掃き出し窓を含め、家じゅうの窓の雨戸を開閉するのは未春さんたちきょうだいの係とされていた。朝起きると開けて、日没前に閉めるのである。

すべての雨戸を閉ざすと、家の外がまったく見えない状態になった。

未春さんは、二階の部屋に移るとすぐに、回廊状に繋がった庇とベランダを歩く何者かの存在に気がついた。雨戸を閉めた直後にそれは始まり、ぐるりと一周して、掃き出し窓の前で止まるのだった。足音だけではなく、雨戸を布が擦る音も断続的に聞こえた。

ミシッ、ミシッ……ザッ……サラサラサラ……ミシッ、ミシッ……。

最初はてっきり、弟が来たのかと思った。以前に一度、いつも日没までには帰宅するよう親に言われているのに帰りが遅くなってしまい、ベランダから雨戸を叩いて「お姉ちゃん、入れて！」と言うので、中に入れてやったことがあったのだ。雨どいを伝って庇に這い上がってきたと自慢げに話していたから「またか」と思ったのだが。

そのとき、一階の玄関の方から「ただいま！」と弟の声が聞こえてきた。

途端に、ベランダから人の気配が消えた。

怪しい足音と衣擦れは、それからも続いた。現実だと認めてしまうのが怖くて、未春さんはこれを無視しようと努めた。

しかし、しばらくすると耐え難くなってきて、あるとき、とうとう一階の居間に飛んでいって、そこにいた両親に訴えた。

「二階の外に誰かいる！　ほら、耳を澄まして！　足音が聞こえるでしょう⁉」

……ミシッ、ミシッ……ミシッ、ミシッ、ミシッ、ミシッ……。

両親はソファから立って、天井を見上げた。「……本当だ」と母が顔を強張《こわば》らせ、父は素早く椅子を持ってきて居間の天窓の下に置いた。何をするのかと思ったら、天窓から庇に向かって「誰だ、こら！」と怒鳴った。その直後に足音が消えた。

——これ以降、家の周りを廻る気配が、少しずつ間遠になっていった。

衣擦れの音から、未春さんは常々、着物の女性を脳裏に浮かばせていた。だから後年、母の主婦仲間がご近所づきあいに悩み、地元の霊能者に相談して、この界隈を霊視してもらったところ、「滝山城から落ち延びてきたが、ここで敵陣に見つかって惨殺されたご婦人の霊がいるから、その影響ではないか」と言われたと聞いて、腑に落ちると同時に、あらためて恐ろしくなってしまったとのことだ。

立チ入ルベカラズ（滝山城跡）

八王子城跡と滝山城跡は共に国史跡であり、全国有数の中世城郭跡だが、うららかな美しさという点では、滝山城跡に軍配が上がる。城跡のある加住《かすみ》丘陵の地形を奈良・吉野山に見立てて、昭和時代にソメイヨシノや山桜、ヤマツツジなどを植樹したこと、清らかな小川が流れていることなどが相俟って、ことに春の景色は桃源郷のような趣で素晴らしい。

未春さんは滝山城跡付近に生まれ育ち、幼い頃から数え切れないほどここで遊んできた。だから小学四年生のときに同級生の仲良し四人組でサイクリングの計画を立てたとき、滝山城跡をコースのハイライトとして提案した。他の三人は滝山城跡に訪れたことがなく、未春さんが如何にそこが綺麗な場所か熱弁を振るうと、興味を惹かれたようだった。

五月中旬の日曜日、自転車で朝から出発し、滝山街道を一列になって駆け抜けた。真っ青に晴れ渡る空の下、新緑の滝山城跡のそばに着いたのは午前一〇時のことだった。

さあ、ここから山道を上って、いよいよ滝山城跡に入ろう……というときに道端の立て札が目に留まった。「立チ入ルベカラズ」とベニヤ板に書かれており、その後ろ、高さ六、七メートルの緩やかな崖の下に、とびきり綺麗な緑の原っぱがあった。

四人で目を丸くしてうなずきあい、自転車をそこに停め、弁当を持って下りてみた。すぐに、一〇〇メートル四方もある野原が眼前に広がり、みんなで歓声をあげた。青々とした芝生に野生の草花が優しい彩りを添え、蝶々が翔んでいた。大気は澄んで芳しく、なんとも素敵な楽園だった。未春さんたちは時が経つのも忘れて戯れた。

ところが、やがて日が傾きはじめると、未春さんは、野原を囲む木立ちの方から視線を感じはじめた。なんだか見張られているような気がしてきたのだ。しかも、こちらを睨んでいる者の姿が鮮明に頭に浮かんできたのだが、その姿が昔話に登場する鬼婆《おにばば》そのものだった。

怯えた未春さんが「あの辺に、何か怖いものがいる」と、そちらを指して訴えると、友人たちが見に行ってくれた。そして青ざめた顔で戻ってきて言うことには――。

「あそこに細い山道の出入り口があって、そこにも立チ入ルベカラズの看板があった」

それだけのことなのだが、なぜかたまらなく怖くなり、滝山城跡に行くことなく、急いで自転車のところに戻ると、それぞれの家に一目散に逃げ帰った。

――後日、あの原っぱと立札を探そうとしたのだが、二度と見つけられなかったという。

呼ばわり山（今熊山）

喬司《たかし》さんの母方の従兄《いとこ》が遺体で発見されてから、もう八年余りになる。

亡くなった当時、従兄はまだ一四歳で死因は首吊り自殺だった。ひとりっ子に死なれた伯父夫婦の絶望は深く、一周忌の直前に夫婦揃って失踪してしまった。

息子の後を追ったのではないかと親戚一同は噂した。

ところが喬司さんの母が、昨秋、上川町《かみかわまち》の今熊《いまくま》神社で、突然、伯父夫婦に再会した。

ここは小高い山に建ったお社で、頂上で迷子や失せ物を呼ぶと戻ってくると言い伝えられている。――母は、自分の兄である伯父とその妻の名を呼んできたばかりだった。

「本当に願いが叶うなんて信じられない」と彼女が感激すると、伯父はこう応えた。

「それが本当に叶うんだよ。うちの子も帰ってきた。今日はその御礼に来たんだ」

そして伯母と共に煙のように風に散って消えてしまった。彼らの失踪から七年経ったこともあり、この母の証言を受けて、先日、伯父夫婦の葬式が執り行われたばかりである。

河童の幽霊がいる学校で

二〇二二年に創立一五〇年を迎える八王子第一小学校は、市内随一の古い小学校だ。現在五〇代の鏡子《きょうこ》さんの父が在校した頃は、体育館の裏には河童《かっぱ》の幽霊が出て、木造校舎の階段は上り下りしている最中に段の数が一段減るときがあると信じられていた。

鏡子さんが父と同じく第一小学校に入学した昭和四〇年代後半には、体育館の裏には「河童の幽霊が埋められている」という言い伝えがあった。

また、鉄筋コンクリートの校舎の階段には不気味な手形が一つ付けられた段があり、その段がたまに消えると噂されていた。

実際に、こんなこともあった——鏡子さんが友だちと二階の教室に放課後残ってお喋りしていたら、階段の方から澄んだ鈴の音が聞こえてきた。そちらへ走っていくと、見えない鈴がチリーンチリーンと鳴りながら頭の上を飛び越えて階段を上っていく。追いつく前に鍵の掛かった屋上のドアを擦り抜けて、チリーン……と遠ざかっていったとのことだ。

空飛ぶ発光体につけられた話

二〇年余り前のことだ。その頃、友実《ともみ》さんは電車とバスを乗り継いで西多摩郡の高校へ通っていた。片道約一時間半の道のりで、家に着く頃には日が暮れてしまうのが常だった。

高校二年生の三学期、一月半ばのその日も、家の最寄りの停留所でバスを降りたときには夜空に星が瞬いていた。バス停のある大通りは歩道を人々が行き交い、レストランやスーパーマーケットなどが煌々《こうこう》と明かりを点けて沿道で営業している――この大通りから帰った方が防犯上好ましいことは承知していた。しかし、それでは遠まわりになる。

通りから一本裏道に入ったところに、長さ三〇〇メートルほどの歩行者専用通路があった。小学校の校舎の裏と山の斜面に挟まれた街灯のない道だが、ここを使うと早かった。

遥か前方の出口を目指して、真っ暗な通路を急いだ。月明かりで足もとが見えることもあるのだが、今夜は曇っていて駄目だ……と思ったら、蒼白い光が地面を照らした。

見上げると、楕円形《だえんけい》の光が雲間から現れるところだった。

満月の三倍ほどの大きさで、すっかり姿を現すと、斜め前の上空で旋回しはじめた。

ひょっとして街のどこかでサーチライトを点けているのかとも思ったが、地上から光が差しているようには見えない。

友実さんは訝しみながら再び歩きだした。すると、立ち止まっていたときには一ヶ所で旋回していた光が、彼女に速度を合わせて前へ進みだすではないか……！

怖くなって通路を駆け抜けた。だが、光も彼女と同じ方向に同じスピードで飛んで、結局、家の真上までついてきた。

慌てて玄関に逃げ込み、ドアを後ろ手に閉めたところ、「どうしたの？」と母が出てきた。そこで今しがた起きたことを一所懸命に話したのだが、母は本気に取ってくれなかった。

それから一週間ぐらいして、寸分違わない状況が繰り返されて、家まで光がついてきた。今度は親にも見てもらおうと思って玄関から呼ばわると、父が家の外に出てきた。

——友実さんは、それからも五、六回、同じ光につけられたそうだが、このとき以降、件の話題は彼女の家ではタブーになった。その理由について、彼女は笑ってこう述べた。

「父は理系のエンジニアで、オカルトやＵＦＯについては否定的です。例の発光体を一瞥すると黙って家に引っ込んじゃいました。見なかったことにしたかったのでは？」

橋の女（陵北大橋）

以下は私の従弟から聞いた話だ。

――友人のDが陵北《りょうほく》大橋の向こうに住んでいると知ったとき、今晩あいつの家に泊めてもらうのはよそうかと少し迷った。

一九八八年のその頃、陵北大橋は、深夜に原因不明の自損事故が多発する場所として地元の高校生の間で知られていたのだ。

この辺りの同世代の男は、ほとんどみんな原付バイクを乗り回していて、交通事故は身近な話題だ。先輩の何某《なにがし》が事故ったの、中学のときの同級生の何某がコケて怪我したのといった話はよく耳にする。しかし、事故には必ず原因があるものだ。

原因不明というのは、怖い。

うちの親は成績さえ落ちなければ外泊しても叱らないから、いろんなヤツの家に泊まってきたけれどDの家に行くのは初めてだ。だから陵北大橋も今まで通ったことはない。

遅い夕飯後に家を抜け出してきたから、もうだいぶ夜が深い。

恩方《おんかた》の自宅から出発して五分ほどで、白い欄干《らんかん》が見えてきた。ゆるやかに蛇行する橋の上は無人で、ただ木枯らしが吹き渡っている……と、渡りはじめたときは思ったのだが、二度目のカーブを抜けた直後、前方に女が現れた。忽然と現れたように感じた。カーブに気を取られて見落としていただけだろうか？気づいたときにはあと三〇メートルほどに迫っていた。幸い女は左の欄干ぎりぎりに佇んでいるが、急に飛び出してこられたら危ない。

一〇月も末の肌寒い夜に、薄手の青いサマードレスを着て、内から発光しているかのような真っ白な二の腕と素足を晒していた。痩せた女だ。腕も脛《すね》も病的なまでに細い。

通り過ぎざまに振り向いて顔を見ようとしたが、長い黒髪しか目に入らなかった。慌ててミラーを覗き込んだ。女の姿が映るはずだ。……映っていなければいけない！

恐れていたことが起きた。ミラーには映った橋の上は隅々まで空しかった。

その後、泣き喚きながらDの家に転がり込み、朝まで蒲団を被って震えていた。

陵北大橋は長さ一九八メートル。緩くカーブしているが見通しは良い。橋の上からの眺望に優れ、八王子八十八景の一つに選ばれており……今では有名な心霊スポットでもある。

看護師の話

政子《まさこ》さんは看護学校を優秀な成績で卒業して以来、六五歳の今までナースとして四〇年以上も働いてきた。彼女が今までに最も奇妙だと思った勤務地が、八王子にあったという。

一〇年近く前のことで、彼女はすでに五〇代半ばのベテラン看護師だった。単にキャリアが長いだけではなく、大手医療系グループに在籍して、看護体制の立て直しや新人指導に手腕を発揮し、グループ内の幾つかの病院施設を看護部長として渡り歩いてきていた。

その介護老人保健施設にも、解決能力の高さと実績を買われて招かれたのだが、彼女が呼ばれるということは、すなわち何か問題が発生しているということなのだった。

事前に聞かされていた問題点は主に二つ――一つは施設内が乱雑で動線が確立できていないこと。効率よく働けるように人員や物の配置を整理する必要があった。

もう一つは、歴代の看護部長が配属から一、二年で癌《がん》に罹って命を落としていること。皆、気づいたときには末期の悪性腫瘍で手がつけられず、そのうち三人は在職中に鬼籍《きせき》に入っていた。他の看護部長も全員、退職後しばらくして亡くなったらしい。

最初に先代の看護部長から仕事の引き継ぎを受けたのだが、その人もすでに悪液質の症状が出て痩せ衰えていた。政子さんより何歳か年下なのに、もう長くないという。前部長は弱り切った体に鞭打って、寮の部屋から自分の荷物を引き揚げていた。

「看護部長が代々住んできた部屋なので、良かったら使ってください」

そう勧められて部屋を見せてもらったところ、寮の他の部屋よりも広く、九階の角部屋だから採光も素晴らしかった。横浜の自宅に娘が二人いたが、もう姉妹そろって社会人だし、単身赴任はこれが初めてでもない。そう遠くないから休日に帰ることもできる。

政子さんは余命短い前部長に「喜んで使わせていただきます」と応えた。

配属された介護老人保健施設は、八王子市の中でも八王子城跡や高尾山に近い地域にあった。周囲は緑が豊かで土地が起伏に富んでおり、ゴルフ場に隣接していた。

来て最初に驚いたのは、自分が使う部長室が、まるで物置のようにゴタゴタしていて埃だらけだったことだ。まずはここから……と初日に手をつけた。

それから施設内の他の場所を、次々に整理整頓していった。

一ヶ月もすると目に見えて職場の雰囲気が改善されて、スタッフから感謝の言葉が寄せられるようになった。

「部長が来てから空気が良くなりました」

「建物の中が明るくなって、見違えるようです」

みんなに褒めてもらって悪い気はしなかったが、なぜ今まで片づけなかったのか疑問に思った。歴々の看護部長が着任早々に病気になったせいだろうか？

政子さんとしては、単純に物とスタッフを合理的に並べ直して、万事において無駄を省き、きちんと清掃して、風通しを良くしただけなのである。

ゴルフ場との境に男性職員の仮眠室があり、そこも徹底的に整えて隅々まで磨き上げるように指導したところ、こんなふうに喜ばれた。

「今までは、ここで横になると必ず金縛りにかかっていたのに、気持ちよく眠れるようになりました。ゴルフ場側の壁から白い手が出てきて足を触られたり、誰もいない外から窓がコツコツ叩かれたり……そういったことも綺麗にしてからは、ちっとも起きません」

政子さんが、自分には無意識のうちに穢れを祓う力があるようだと気づいたのは、この頃だったという。

寮の部屋も、入居した当初はしょっちゅうラップ音がしていたのに、住みはじめて数日すると、部屋の中では少しも鳴らなくなった。

初めの頃は午前二時になると枕元の壁をガンガン叩かれたり、台所から鍋を床に落とすような音が響いてきたりしたものだが、それらもやがて止んだ。

空気以外は何もないはずの九階の壁の外をハイヒールで歩きまわる足音だけは、かなり後まで続いていた。


三年ほど経つと、政子さんはまた別の医療施設に配属されることになった。

最後の日に、部長室を出ようとしたら、スチール製の棚か何かを倒したかのような騒音が天井から聞こえてきて、それきり死んだように静まり返った。

……この部屋の上には屋根しかなかったのだが。

そのとき彼女は心の中で手を合わせて、後任者の無事と施設の安寧を祈ったそうだ。

家の禁忌《きんき》

昭和生まれの我々世代は、戦時中の悲惨な体験談を年長者からじかに聞いていることが多い。五一歳の恵子《けいこ》さんは同居していた父方の祖父母と父から八王子空襲の折のことを聞かされた。

大正時代から八王子駅の付近にあった家は焼夷弾《しょういだん》で焼かれ、当時一一歳の父は逃げた先の浅川土手で、湯気の立つ川面が遺体だらけで木場のようになっているのを見たという。

この空襲で八王子市街地の約八割が焼けたそうだが、近所の寺院や八幡神社も、恵子さんの家と共に再興し、令和の今では古色を帯びて、厳めしい風情を取り戻した。

焼けて建て直す前から、彼女の家には家族の間で信じられていることが二つあった。

一つ、この家には、人の目には視えない何者かが棲《す》みついている。

一つ、できるだけ屋敷と庭に変更を加えてはいけない。

目に視えない何かは、二階の空き部屋に棲んでいるようだった。杉板の引き戸が勝手に開いたり閉まったりし、廊下を歩いたり階段を上り下りしたりする足音がする——そんなことは日常茶飯事だった。小学生の頃の夏休み、お茶の間でテレビの心霊特番『あなたの知らない世界』を観ていたら、二階の空き部屋から出てきた人の気配と足音がすぐそばまでやってきて、テレビの前にしばらく留まっていた。あれも幽霊の話に興味があったのだろう。

家や庭の普請を禁じるという掟は、実際に禁を破ってみた結果、守らねばならぬと家族全員が理解するに至った。

まず、彼女が高校生のときに、母の発案で、庭にあった茱萸《ぐみ》の木を伐り倒した。すると、その直後に父が高熱で倒れた。入院して検査を受けたところ、虫歯が化膿したことが原因で脳に膿が溜まっており、快復には一年を要した。

二〇歳のときには、これもまた母の意見が通って、家の増築工事を行った。果たして、竣工を待たずに、父が呼吸困難を起こして緊急入院。今度は肺に膿が溜まっていた。すぐに背中から管を通して膿を抜きはじめたが、入院の翌日には危篤に陥った。

そこで初めて母は猛省《もうせい》し、その頃評判だった霊能者に相談した。祈祷してもらって家の四方に盛り塩をしたら、みるみる父の病が癒えて、一週間で退院できた。

肝試しの顛末《てんまつ》（真の道）

全国各地に、九〇年代に若者たちが肝試しを散々やったせいで封鎖せざるを得なくなった施設や廃墟が数々ある。裏高尾町の通称「真の道《まことのみち》」もその一つだとする噂がある。真偽のほどは定かではないが、事実として、一〇年以上前から関係者以外の立ち入りが禁じられている。本来そこには同名の宗教団体の水子供養園があったが、それも現在は他県に改葬・遷座《せんざ》されており、心霊スポット化する根拠が裏高尾からは抹消されている。

さて、三〇〇体以上の水子地蔵と水子の御霊を供養する石像「乙女の像」が裏高尾にあった頃、梨果《りか》さんは男友だちのEとFと連れ立って、深夜に真の道を訪れた。

三人は八王子市内に住んでおり、八王子駅前の飲み屋で知り合った飲み友だちだった。

梨果さんがいちばん年上で休職中、Eは大学生、Fは建具屋の職人と立場がバラバラだが、オカルト好きという共通の趣味があり、月に一、二度は顔を合わせていた。知り合って一年も経つと完全に気心が知れて、たまに三人でドライブがてらに心霊スポット巡りをするようになった。

真の道の情報を仕入れてきたのは大学生のEで、梨果さんとFもすぐに乗り気になり、さっそくFの車で現地に向かった。

　裏高尾は高尾山の北側で、旧甲州街道沿いの小集落以外は山間部が町域を占めている。旧道沿いのパーキングエリアのそばに、九月初旬とは思われない冷気に包まれて、苔生《こけむ》した長い階段があった。時刻は深夜一一時。三人が集合した八王子駅から三〇分少々で到着したが、気温も雰囲気も別世界の感がある。

「……虫の声が止んだ」

　懐中電灯で照らしながら慎重に階段を上りはじめて少しすると、Eがポツリと呟いた。

「本当だ」と耳を澄ませて梨果さんは応えた。「寒すぎて鳴くのを止めたのかな？」

「まさか。秋の虫はこれからがシーズンだ。今日の昼間は三〇度近かった。まだ夏だ」

　階段の途中に変わった形をした木の鳥居があり、それを潜って尚も上がっていくと、やがて平らな所に出た。幅の広い石畳の道があり、その両側に小さな赤子の像が整然と並んでいた。地蔵のようなものもあるが、リアルな彫像に近いものもあり、形が一律ではない。しかしどの像にも色鮮やかな花束が供えられており、亡児を悼む遺族の存在を示していた。

　遊び半分に来てはいけない場所だったかも……と、梨果さんは若干、気が咎めた。

　Eが、わざとらしく明るい声で、「この先に少女像が建ってるんだって！」と道の先に懐中電灯を向けた。その光に照らされて、いきなり等身大の少女の立像が闇に浮かび上がったので、思わず梨果さんは悲鳴を上げた。

「……ああ、驚いた。これだよ。乙女の像っていうんだってさ」

少女像は両手を胸の前で組んだ祈る姿勢を取り、虚ろな眼を前方に向けていた。

虚ろな眼というのは比喩ではない。近づいてみたら、この像には眼球がないことがわかったのだ。二重瞼の下には涼やかなアーモンド型をした穴がポッカリと空いていた。

梨果さんは後退りして、少女像から離れた。

「本気で怖くなってきちゃった。私、もう車に戻るよ」

EとFは、あと少し見物していきたいそぶりを見せたが、梨果さんの意志が固かったので、結局一緒に引き返すことになった。二人は名残惜しそうに、供養園を歩いて戻りながら道端の水子像を照らしていた。

出入り口が見えてきて梨果さんが少しホッとしたそのとき、Eがアッと叫んだ。

一瞬遅れて、梨果さんとFも揃って大声で叫んでしまった。

――水子像の列の後ろに深い木立ちがあり、木の幹に半ば隠れて、七、八歳の女の子が立っていたのだ。

七五三か初詣の晴れ衣装のような振袖を木目込み人形のようにきっちりと着込んだ、おかっぱ頭の少女である。無表情な眼差しをこちらに向けているのだが、顔立ちが非常に整っていて、木の幹にすがりつかせた小さな手や艶々した黒髪もたいへん綺麗だ。

しかし、深夜の山奥である。美しいが故《ゆえ》に、異様さが際立っていた。

Fが怪鳥のような悲鳴を放ったかと思うと全速力で階段の方へ逃げていき、梨果さんとEも後を追った。転がるように山の下まで駆け下りて、慌てふためきながら車に乗り込んだ。

車が走り出してしばらくの間は全員無言だったが、やがてEが遠慮がちな口調で述べた。

「水子供養園の奥に宗教団体の施設があるそうだから、そこに滞在している信者さんの子どもなんじゃないかな」

「そうかも！」とFが相槌を打ち、「あの子は」と何か思いついたことを話しはじめたはずが、そこから先が――。

「死んでる死んでる死んでる死んでる死んでる死んでる死んでる死んでる死んでる……」

――同じ言葉を繰り返しはじめた。

「Fくん、やめて！」

「おい！　ハンドル！」とEが怒鳴ったので、梨果さんはギョッとした。Fは、いつの間にかハンドルから手を離していた。だらりと両腕を下げて、さっき見た少女像のように虚ろな眼差しを前方に投げているが、何も見えていないに違いない。

なぜなら、高架の橋脚が間近に迫っているのだから。

「危ない！」

梨果さんは悲鳴を放った。Eはハンドルをコントロールしようと体を運転席に乗り出したが、もう間に合わない。

「死んでる死んでる死んでる死んでる死んで……死んでェ！」

次の瞬間、三人を乗せた車は鉄筋コンクリートの橋脚に真正面から突っ込んだ。


Eはその後、梨果さんたちと疎遠になった。

非常に好運なことに三人とも軽傷で済んだが、気楽な仲間同士の付き合いには修復不可能な亀裂が生じていた。Eは就活を理由に去り、梨果さんは再就職した。

彼女とFは連絡を取り合っていたが、会う機会がないまま、事故から三ヶ月が過ぎた。

年の瀬が近いある夜、突然、Fが梨果さんに電話を掛けてきた。

「どうしたの？　元気？」

「……最近、怖くて」

声の調子がおかしかった。歯の根も合わないほど震えているようだ。

「大丈夫？　落ち着いて話してみて。何があったの？」

「……夜、寝ようとすると……息が掛かるぐらい、み、耳のすぐ近くで、こ、こえ……」

何を言っているのか聞き取れず、彼女は「落ち着いて」と繰り返した。

Fは懸命に呼吸を整えると、「声がするんだ」と低く呟いた。

「声？」

問い返すと、急に甲高い声で彼は「そうだよ」と答えた。

「だから、僕、お母さんと寝てるの！　毎晩『こっちへおいで』って呼ばれるから！」

そのとき、机に置いてあったライターが、彼女の目の前で音を立てて破裂した。

悲鳴を上げて飛び退り、怪我はなかったが、気づいたときには電話が切れていた。

――数時間後、Fは心臓麻痺で亡くなった。通夜の折に梨果さんが彼の母親から聞かされたところでは、咽喉を掻きむしりながら息絶えたようで、首と両手が血に染まり、苦悶の表情が凄まじかったそうだ。

大蛇《おろち》と翠靄《すいあい》（西多摩郡檜原村と高尾山）

桃子《ももこ》さんは大学院の修士課程を修了した後、進路に悩み、二年近くモラトリアム生活を送った。初めのうちはパン屋のアルバイトに励んだのだが、上司は横暴で、立ち仕事はきつく、おまけに大事にしていた数珠の珠がロッカーの中で割れるという不気味な現象が起きた。

七年ほど前のことだが、あれが祟られはじめだったのではないかと思っているそうだ。

あの日は、朝、職場に行ったら後ろから「おはようございます」と女性に声を掛けられたので、そばに居合わせた上司と同時に振り向いたのに、そこには誰もいなかったのだ。

そして気を取り直して、いつも私物をしまっているロッカーにバッグと数珠を入れ、帰るときに見てみたら、すべての珠が真っ二つに割れていたのだった。

これは凶兆に違いないと思い、急いでパン屋を辞めた。すると、たちまち暇を持て余すようになった。かと言って、すぐにまたアルバイトをするのは気が進まず、では、大学院に戻りたいかというと……。

迷った挙句、大好きなビデオゲームの舞台を訪ねることにした。

いわゆる聖地巡礼である。桃子さんが愛好していたゲームは「和風伝奇ホラーアドベンチャー」とでも呼びたいような、土着的な怪奇要素がふんだんに詰まった内容で、主人公の出身地には実在するモデルがあるとされていた。

それが西多摩郡檜原《ひのはら》村だった。ことに「払沢《ほっさわ》の滝」周辺は、ゲームで描かれているのと景色がそっくりだという。

五月中旬の晴れた日を選んで午前中に出発した。横浜の実家住まいだったから、ちょっとした旅行になった。途中で八王子駅を経由して電車を乗り継ぎ、バスに揺られ、最後は徒歩で、払沢の滝まではトータルで三時間余りを要した。

そのため滝に着いたときにはすでに疲れていたのだが、渓流の水が岩間に白く砕け散りながら迸《ほとばし》るようすを目の当たりして、少し元気が快復した。

――ゲームのアニメ画で見たのと同じ光景だった。

いや、それとは関係なく、掛け値なしに美しい眺めで、心が癒された。それもそのはず、東京で唯一「日本滝百選」に選出されている滝なのだ。

全長六四メートルで、四段から成り、滝壺に注ぐ四段目だけでも二三メートルの高さがある。僧侶が持つ白い房「払子《ほっす》」に似ていることが名の由来で、厳冬期には真っ白に氷結するそうだ。柵が無く、滝壺まで歩いていける点も魅力の一つだろう――桃子さんは滝壺の水辺に腰を下ろして靴を脱ぎ、疲れて熱を帯びた足を冷たい水に浸した。

事前にスマホで払沢の滝を検索してみたところ、この滝壺には大蛇が棲んでいるという伝説があるそうだ。棲んでいても不思議はない、神秘的な雰囲気である。

何枚か写真を撮って、滝壺を後にした。


帰宅してから、母に檜原村旅行の報告をした。訪れた場所の写真を見せながら説明していたのだが、途中で、滝壺の写真を眺めていた母が小さくアッと叫んで眉をひそめた。

「どうしたの？」

「これ」と指差されたところを観察して……寒気を覚えた。

人間の顔が写り込んでいたのだ。年輩の男が無念の表情を浮かべているようであった。

「あんたは昔からそういうのに取り憑かれやすいんだから気をつけなさい」

母は真顔だった。そんなふうに心配されるのは初めてだったので、桃子さんは驚いた。

「昔から？」

「そうよ。うんと小さな頃のことだから忘れちゃったんだろうけど、いろいろあった。それにパン屋さんで数珠が壊れたって言ってたじゃない？　声も聞いたんでしょう？　少し霊感があるのかも……。霊は気づいてくれる人に憑きやすいって言うよ」

その翌日から咳が出はじめた。咽喉が痛いわけでもないのに、とにかく咳が止まらない。熱もなく、食欲もあるのに、次第に痩せて体力が落ちてきた。やがて眠っている間も咳をしていたことを母に指摘され、病院で診てもらった。ところが原因がわからない。医師に喘息用の吸引器を使うように指示されたが、まったく効かない。

外出もままならず、ひっきりなしに出る咳のせいで集中力が落ちて本も読めない。無為に過ごすうちに一〇月も後半になってしまった。このまま年が明けても進路が決められなかったらどうしよう、と、焦りを覚えはじめた。博士課程に進むのか、それとも就職活動をするのか……咳の病に取り憑かれた半病人として短い一生を終えるのか。

絶望で目の前が昏くなった。「あのとき大学時代の友人たちが高尾山旅行に誘ってくれなかったら、どうなっていたのかわかりません」とのこと。

最初に連絡をくれたのは大卒で就職した友人だった。「一緒に高尾山に行きませんか」というメッセージを読んだ途端、大学時代に訪ねたときに見た靄が垂れ込める深山の神秘的な光景が瞼に浮かんだ。

自然の豊かさと共に薬王院《やくおういん》がある山頂の浄い大気が、緑の芳香までも脳裏に蘇った。近頃では寝たきりに近い生活を送っていたのに、参加すると即答した。

翌月、紅葉に燃える高尾山へ、大学同期の女ばかり五人で向かった。

一一月の週末で、行くまで知らなかったのだが「高尾山もみじ祭」が催されていた。友人たちには、原因不明の咳に苦しんでいる旨をあらかじめ伝えてあった。もしも歩けなくなったら先に行ってもらうつもりだったが、山門を潜ってから咳の回数がてきめんに減り、呼吸が楽になった。みんなと一緒に女坂をゆっくり上り、薬王院にもお詣りできた。

鮮やかな錦秋《きんしゅう》の山を下りてくると、もみじ祭の出し物で獅子舞《ししまい》をやっていた。獅子は邪気を喰らうから、獅子舞のときに頭を獅子に噛んでもらうと厄除《やくよ》けになると昔から言われている。子どもの見物客が次々に頭を噛んでもらっているのを見るうちに楽しそうに思われてきて、自分たちも獅子に噛まれてみることにした。

童心に帰って、はしゃぎながら順番に頭を獅子の口に差し出した。最後に桃子さんも「ご利益がありますように」と祈りながら噛んでもらった。

その途端に、彼女を見ていた友人四人が一斉に「ええっ！」と大声を張り上げた。周囲の人々から振り返られたので恥ずかしくなり、「何よ？」と訊いてみて、驚いた。獅子に頭を噛まれると同時に、彼女の口から白い靄が長くうねりながら抜け出していったというのである。

「まるで大きな蛇のようだった」と指摘されて、払沢の滝の伝説を思い出した。

獅子に頭を噛んでもらってから完全に咳が止まり、何もかもが好転した。元気になり、社会人として働いてみたいという意欲が湧いて、すぐに仕事が見つかった。忙しくも充実した日々を過ごしながら、感謝の気持ちを忘れずに時折、高尾山に参詣しているそうだ。

心霊トンネル巡り（八王子2トンネル／旧小峰トンネル）

このたび『八王子怪談』という本を書くことになったと方々に知らせていたら、以前、DVDの企画で群馬県や埼玉県の心霊スポットを探訪した際に取材させていただいたタクシー会社・三和《さんわ》交通の溝口《みぞぐち》さんからお便りを頂戴した。

取材の折には埼玉県の事業所でお会いしたので意外だったのだが、溝口さんは八王子出身で、今も市内にご自宅があるそうだ。

「小さいころから地元の心霊スポットに行って怖い体験をしておりますし、あの宮崎勤に『おまえ何やってんだ⁉』と訊いたのが私の親戚でして……。そのとき宮崎勤に連れ去られそうになっていたのは、近所の知り合いの娘さんたちです。

昔は、美山町の日枝神社の境内に児童遊園があって遊具があったんですよ。そこで姉妹で遊んでいたら『写真を撮らせて』と声を掛けてきたんだそうです。神社はそのままですが、当時あった遊具は撤去されているようですね。

……で、宮崎は姉の方だけ強引に背中におんぶして歩きだした。妹は怖くなって親を呼びに走って家に帰った……と、そういうタイミングで、たまたま私の親戚が通りがかって宮崎を叱りつけた。すると奴は『すみません』と言って土下座して、そこへ娘たちの親と駐在さんが駆けつけたんですって。それが、まさかあんな大事件になるとはねぇ……」

いきなり有名な事件の話から始まったが、溝口さんは三和交通の取締役部長で、知る人ぞ知る三和交通の人気商品「心霊スポット巡礼ツアー」の開発担当者だ。

ツアーの発案者は社長で、彼は商品開発（コース作り）に日夜勤しんでいる。

現在五七歳。勤務三〇年のベテランだ。

「ふつうは伏せるものでしょうが、私についてはは会社名と名前をなるべくなら書いていただきたいと思います。八王子には古戦場や城跡が多く、また住めば本当に良いところなのですが、有名な殺人事件も何件かありましたから、怖い体験をされる方がいるのかな、と。

私の仕事は主に心霊スポットを探して巡礼ツアーのコースを作ることです。勤務中に怪奇現象に遭遇したことは数え切れません」

――宮崎勤からの連想で、まずは旧小峰《こみね》トンネルについて彼に伺った。例の事件の遺体が遺棄されていた現場に近いと言われ、心霊スポットとされているからだ。

「八王子方面からあきるの市側に新小峰トンネルを通り抜けた辺りに車を停めて、旧道を歩いて八王子方面に戻っていくと、旧小峰トンネルがあります。

……ここね、トンネルの中に入るときに声にエコーが掛かるんですよ。それと、あきるの市側から真ん中の辺りまでは照明が無い。真ん中から八王子側方面までは天井に照明器具が付いていて、電気が点くんですけどね……。

その明るい八王子寄りのトンネルの壁に、幼稚園の年長さんか小学校低学年ぐらいの女の子が二人で手を繋いでいる姿が、ぼんやりと浮き出していました。例の事件の犠牲者がトンネルの上に埋められたという噂がありますからねぇ……」


――他にもトンネルの話があるというので訊ねてみたところ、私の実家の近所にある場所を紹介してくれた。今から数年前のことだという。

「弊社のツアーが評判になってから、たまにテレビ番組などのロケハンの案内を頼まれるようになりました。このときもテレビ局のロケハンを案内していて、八王子バイパス付近のトンネルに行ったのです。道了堂跡の真下にあたる辺りに、八王子2トンネルというトンネルがあります。でも、その隣に、もう一つ、それとそっくりなトンネルが造られていて、入り口が金網で封鎖されているんですよ……」

そのときのロケハンのメンバーは溝口さんを入れて四人。

そのうちの一人、アシスタント・ディレクターの女性が金網の隙間から封鎖されたトンネルに入った途端、胸ポケットに入れていたボイスレコーダーの電源が急に入ると同時に、耳をつんざくようなキーンという音がトンネル中に鳴り響いた。

「私たちは全員悲鳴をあげてトンネルから出ました。四人全員、ハウリングの音を聞きましたよ。ええ、間違いなく。キーンって……。

ところがね……その女性ＡＤさんのボイレコの電源って、入っていなかったんですよ」

これがロケハンのときの出来事。やがて本番の番組収録のときを迎えて、溝口さんは再びこの封鎖されたトンネルのロケに立ち会うことになった。

「本番には霊能者が出演しました。そうしたらトンネルに入った途端に、霊能者のスマホがブーッブーッと鳴りはじめたんですよ。『着信があったな』と思うでしょう？　電源を切り忘れたんだなって……。ところがそうじゃなかったんです。液晶画面は真っ黒で、確実に電源が切られていました。ロケハンのハウリングのときと同じです。

すると、その霊能者がこの現象を指して『これは女性が歌を歌っているんだ』と説明してくれました。

誰も来ない場所で寂しい思いをしていたところへ、たくさんの人が来てくれたので喜んで、挨拶やお礼を言う代わりに電子機器を介して歌ってくれているのだと……。

それは若い女性の地縛霊で、首に絞められた痕があり、片腕と片脚が無いそうです。

トンネルの奥に霊道があって、この地縛霊のまわりに他の霊が集まってきていると……。それからしばらくして、弊社のＹｏｕＴｕｂｅチャンネル用の動画を撮影するために、また同じトンネルに入りました」

このときは、三和交通の広報担当の女性社員二人と男性ドライバーが彼に同行していた。全員がトンネルに入ると間もなく、トンネルの奥に、白い煙の塊のようなものが幾つも浮かび上がって、男性ドライバーの後を追いはじめた。

「私の目には、女性の霊がたくさんいるように視えました。ドライバーのことが気に入って、追い回しているようで……彼に追いつくと、次々に背中に吸い込まれて消えていきました。

私がそう言ったら、ドライバーは怖がっていましたが……。

その直後に、私のスマホのマナーモードのバイブレーションが妙に変則的に鳴りはじめたのです。ふつうと違ってランダムに鳴るから変だな……と。でも、見てみると着信が無いんですよ。なのにバイブレーションがブーンブーン……と。

それから約一ヶ月後に某ユーチューバーが弊社のツアーに参加されたので、ここにお連れしました。動画を公開されるそうなので、ドライバー以外に私と広報担当も同行して行ったのですが……前回ドライバーに白い影がくっついていったのと同じことが、ユーチューバーに起きました。後ろに白い影が幾つもついていって、追いつくと彼の中に消えて……」

トンネルを出ると、次に彼はユーチューバーを道了堂跡に連れていった。

そこでユーチューバーを撮ったところ、なぜか画面一面が真っ赤に染まって写った。

それを見たユーチューバーは「ヤバイですかね」と怯えた表情で呟いたという。

馬頭観音の家

千津恵《ちずえ》さんは私と同じ五三歳で、北野町の辺りで生まれ育った。

今では北野駅周辺もずいぶん拓けて便利になったが、私たちが子どもだった頃、あの辺りにはススキが揺れる空き地や農家の畑も多くて、駅舎は木造で屋根もなく、プラットホームの下に狸が出入りしていた。

千津恵さんの父方の家も、代々農家を営んでいた。しかし戦後はアパート経営などの事業を手掛けるようになり、千津恵さんが物心ついた頃には、すでに農業から手を引いていた。

祖父母や両親と暮らしていた家は、千津恵さんが誕生したときに建て替えた鉄筋コンクリート製の建物だったが、その前までは茅葺《かやぶき》屋根の古い屋敷だったという。

家の敷地は四五〇坪ほどで、昔は数頭の馬と厩舎《うまや》も有していた。

江戸時代から昭和初期まで農耕馬を飼ってきた家だったのだ。しかし、昭和の初め頃に一家の娘が色恋沙汰に巻き込まれた挙句、家族と大喧嘩になり、頭に血を上らせて馬小屋に火を放つという事件を起こした。

この放火によって飼っていた馬がすべて焼け死んでしまったので、供養をするために馬《ば》頭観音《とうかんのん》像を作らせて、厩舎の跡地に蔵を造ると、そばに建てた。

——その蔵は、千津恵さんが学生の頃に、電動シャッター付きの車庫に建て替えられた。

二〇代後半に、そこでこんなことがあった。

秋晴れの休日に千津恵さんは、自分が運転する車で同い年の近所の友だちと一緒に東京ディズニーランドに行き、閉園まで目いっぱい遊んで、深夜に帰宅した。

二軒隣に友だちの家があり、そこで降ろして、独りで家に帰ってきた。

車庫に入れたときには、バックミラーに異常なものは何も映らなかった。車を中に滑り込ませる際にも変わったことは一つもなかったのだが、車から降りたところ、車庫の出入り口に白っぽい和服の女が悲し気に佇んでいた。

馬頭観音を建てる原因となった娘かと思ったが、その後、霊感のある友だちに車庫を見てもらったら、明治時代に旅の途中で病になり、たまたま通りかかったこの家で助けて看病したけれど、残念ながら亡くなってしまった女性の地縛霊だと教えられたという。

怪異は、鉄筋コンクリート製の母屋でも起きた。

今では処分してしまったが、昔は家の居間にアップライト・ピアノが置かれていた。

中学生の頃に、夕方、二階の自室でテレビを見ていたら、一階の居間の方からピアノの音がしはじめた。

そのとき家族は自分以外、全員出掛けているはずだった。居間を見に行くと、部屋に入る直前までは鳴りつづけていたピアノの音が、ドアを開けた途端にピタリと止んだ。

部屋の中には誰もおらず、ピアノの蓋も閉まっていた。

……おかしい。どういうことだろうと首を捻っていたら、掃き出し窓のすぐ外で、庭に敷いた玉砂利がジャリジャリと踏み荒らされる音がした。

足音だ。

ギョッとして窓に張り付いたが外に人影はなく、不気味に感じたそのとき、玄関の方から、ドアが乱暴に閉まる音が響いてきた。誰も開けもしないドアが叩きつけられるように閉まるわけがない。恐々と玄関へ行ってみると、ドアは閉まっていて鍵が掛かっていた。

独りで留守番をするから用心のために自分で鍵を掛けた。そのままになっている。

念の為、ドアを開けて表に出てみたが、西日が飛び石を照らしているばかりだった。

八王子空襲の残滓《ざんし》

八王子市民球場こと富士森公園野球場は、一九五六年に開場した。ナイター施設や放送設備が完備された硬式野球大会にも使用可能な本格的な仕様で、高校野球の予選会場やイースタン・リーグなどに利用され、球場を内包する富士森公園と共に市民に愛されて今に至る。

現在五三歳で私と同じ一九六七年生まれの悠人《ゆうと》さんによれば、かつて、この球場の周りで人家と言えば、幕末や明治初期から続く旧家ばかりが五軒ほど集まっているだけだったという。公園は鬱蒼とした木立ちに囲まれ、五軒の家はどこも屋敷神を有していて、どの家の守護神も弁財天であった。

悠人さんの家にも古い弁天さまのお社があった。この家は八王子空襲の被害を免れたので、関東大震災直後に建て直した母屋の建物が今も一部残っている。老朽化が激しかった部分を最近建て替えたばかりだが、往時の面影は留められている。

彼が亡くなった祖父母や跡取り娘だった母から聞いた話では、この家の先祖は小田原城に出入りを許されていた拝み屋で、江戸時代には名字帯刀《みょうじたいとう》を許されていたそうだ。幕末の頃に、今と同じ場所に屋敷を建てた。その後、明治二九年に富士森公園ができたのである。

八王子の街の変化を二〇〇年以上も定点観測してきたようなもので、彼の祖父母や年老いた親戚が語る昔話は、歴史が絡む内容のものが多かったそうだ。

わけても第二次世界大戦中の逸話は、彼が子どもの頃には、生々しく記憶している年寄りたちがまだ存命だったので、よく聞かされた。


最も恐ろしく感じたのも、戦時中にこの家で起きた話であった。

彼の家の敷地には、庭を挟んで母屋と向かい合う格好で、一軒の離れが建っている。これは一階建てのこぢんまりした造りで、終戦直後に建てたものだった。

戦時中は、この場所に防空壕があったという。かなり大きな防空壕で、家人ばかりでなく近隣住民も受け容れる前提で作られていた。実際、八王子空襲のときには市街地からここに逃げてきて運好く助かった八王子市民が何人かいた。

やがて街が炎に呑まれると、生きている人間が外に残っているとは思えなくなった。防空壕の人々は亡くなった家族や知人友人を思って泣きながら震えているしかなかった。

しかし、もう誰も来ないだろうと思う頃になって、重傷を負った一〇歳ばかりの女の子が這い込んできたのである。焼夷弾を被弾して血を流し、全身が焼けただれて、命があるのが不思議なようなありさまだった。口がきける状態でもなかったので、その子がどこの誰かもわからないまま介抱したが、間もなく息を引き取った。

八王子空襲による死者のうち、この少女のように身許が不明なまま引き取り手が見つからなかった亡骸は、市内の緑町霊園の戦災死没者之墓に葬られている。

また、悠人さんの家から近い富士森公園の中にある八王子市戦没者慰霊塔には、八王子市域の全戦死者・戦災死没者三二〇九名が合葬され、今日まで追悼に訪れる者が絶えない。

終戦後、悠人さんの家では、この防空壕跡を整地して、書道師範だった伯父（悠人さんの母の姉の連れ合い）の書道教室を建てた。トイレと洗面所、流しの付いた木造の平屋で、教室に使う広間の他に、伯父の居室兼事務所にする六畳の和室があった。

――申し遅れたが悠人さんの家は女系家族で、母方の祖父母を頂点とした大家族でもあった。彼の母は四姉妹の次女で、父は入り婿である。

伯父の書道教室は順調だったが、やがて悠人さんの母が結婚すると、母屋だけでは手狭になってきた。そこで、伯母の家族が近くに家を建てて引っ越して、書道教室の建物を悠人さんの両親に明け渡した。母屋には、当時はまだ独身だった叔母たちと祖父母が残った。

――つまり、元書道教室だった建物が「離れ」というわけである。

六歳になるまで母屋と離れを行き来して、悠人さんは育った。

防空壕で亡くなった少女のことは中学校に入ってから聞かされたので、住んでいた時分には何も知らなかったはずなのに、物心ついた頃からここで頻繁に怖い目に遭ったという。


幼い頃の悠人さんたち家族の寝室は、母屋に面した六畳間だった。以前は伯父の居室だった部屋で、ガラス障子《しょうじ》の掃き出し窓が付いていた。この部屋で蒲団に横たわると、その窓から母屋がよく見えた。

離れには台所や浴室がないから、両親は彼を寝かせてから母屋で風呂に入る習慣だった。ひと風呂浴びてから祖父とビールで晩酌をしてくることも多く、父も母も彼が目を覚ましているうちには滅多に帰ってこなかった。

両親が入っていった母屋の玄関灯を見ると何か安心な気がしたのだが……。

四歳のときのこと。その日は幼稚園の遠足があり、いつものように枕に頭を乗せて母屋の玄関の灯りを眺めはじめると、たちまち瞼《まぶた》が重くなった。

しかし、うとうとと眠りかけたそのとき、突然甲高《かんだか》い笑い声が頭の上から降ってきて、ハッとした途端に両肩を掴まれた。

「キャーッハッハッハッ！　ヒャーッハッハッハッハッ！」

声を聞き、肩を掴む手を見ると、女の人だと思うのだが、蒲団は枕の側を壁にくっつけて敷いてあり、人が入れる隙間などなかった。……壁の中から両腕を突き出してきているとしか思えない。

悠人さんは恐怖のあまり気を失ってしまった。朝になると何事もなかったかのようで、強く掴まれた肩もなんともなかった。

一度きりなら悪夢を見ただけだと解釈できるが、これ以降、同じことがしょっちゅう繰り返されるようになってしまった。

しかも次第に起こる間隔が狭まってきた。一年もすると、とうとう毎晩、女の哄笑《こうしょう》と肩を掴む手に襲われるようになり、ついに耐えきれなくなった。

その前から度々、両親に助けを求めてきたのだが、いつも相手にしてもらえず、あきらめてきたのだ。だが、もう無理だと思い、必死で母に訴えた。

すると両親と共に母屋に移れることになり、以後、こういう怪異には遭わなくなった。

しかしその後も離れに足を踏み入れると、乾いた枝を折るような、または静電気が爆ぜるような、奇妙な音が聞こえてきた。

お化けが棲んでいるに違いないと思ってきたから、中学生のとき、防空壕で死んだ少女の話を聞いたときには、大いに腑に落ちた気がした。

ところが――。

「先日、母屋の工事をした際に、上棟式の柱を一時的に離れで保管することになりました。そのとき離れの建物の中で柱の写真を記念に撮ったのですが、そこに幽霊のようなものが写り込んでいたんですよ。それが、子どもではなく、大人の霊のようだったのです」

悠人さんはこう仰って、私に問題の写真を見せてくれた。そこには、髪の長い痩せた女か、あるいは落ち武者のような人物が、確かに写っていた。後ろのものが半ば透けているから此の世のものではないけれど、空襲で亡くなった女の子でもなさそうな……。

浅川の淵

浅川《あさかわ》の築堤《ちくてい》などによる八王子の治水は、大久保長安《おおくぼちょうあん》の功績だとされている。江戸初期に堤防が造られるまで浅川は度々氾濫を起こし、現在の元本郷町の辺りでは、深い淵《ふち》を成していたそうだ。

その時代に、とある若い女房がそこで自ら命を絶った。子どもができないことを婚家で責めたてられた挙句、思いつめて淵に身を投げて亡くなってしまったのだ。

この話は近隣住民の間で語り継がれ、ことに女たちの共感をさらった。

堤防ができて川の位置が変わり、淵が消えても、町の女たちは、昔、哀しい女が亡くなったその場所を訪ねては、女の魂の安寧を祈りつづけた。

しかし、あるとき、この伝統にピリオドが打たれた。

時代は昭和に入り、一人の若い妊婦が浅川の淵の昔話を聞きつけた。自分もこれまでの女たちと同じように昔の女を悼もうと思い立ち、彼女は跡地を訪ねた。

心から哀悼を捧げたつもりだったが、それから間もなく、なぜか流産してしまった。

彼女はこれに腹を立てた。そこで再びこの場所にやってきて「あんたなんか、二度と哀れだなんて思わないからね！」と女の霊に怒りをぶつけた。

それから、淵の跡地は人が居つかない場所になった。

跡地に人家を建てても、しばらくすると住人たちが出ていってしまうのだ。現在そこには公営施設の建物があるが、空き地になっていた時期が長かった。

民家が建っていた時分には、近所の者たちが通りがかりにその家を見ると、家人が全員外出しているときだろうが、真夜中だろうが、必ずいつも二階の部屋の窓辺に人影が立っている……という不気味な噂が囁かれた。

平成の世になっても尚、祭り神輿の行列で、先頭の者がその辺りの路地に足を踏み入れた途端に金縛りに遭ったように体が動かせなくなり、周囲の人々が慌てて路地から担ぎ出すと、すぐに元通りになるといった珍事が発生した。

だから未だに祟りが継続していたとしても、少しも不思議がないのである。

——以上、前項の悠人さんが書道師範だった彼の伯父から聞いた話を基に書いた。

谷戸の女（鑓水を舞台とする全五段）

《第一段》嫁入り谷戸の伝説

私が育った片倉の家のそばには漏斗《ろうと》状の谷があり、昼もなお仄暗《ほのぐら》い谷底を清らかな小川が流れていた。そうかと思えば、家の正面の土地はけわしく隆起して丘を成し、尾根が北の方へ長く伸びていたが、尾根の両側は急峻な傾斜地で、そこにもまた谷があった。

丘陵地に抉《えぐ》り込んだ溝状の湿地帯を谷戸《やと》という。

一九七七年に私たち一家が八王子に住むようになった当時は、住宅地は今ほど拡がっておらず、方々に天然の姿が残っていた。

今ではずいぶん盛り土で隠されてしまったが、丘と谷が幾重にも襞を成す地形も顕著だった。家の前にそびえる大塚山、これを尾根伝いに南へ向かった先は鑓水という所で、ここには六つも谷戸があった。

鑓水地区の面積は三キロ四方少々。これがほとんど谷戸で占められ、平地は僅かで、いたるところで土地が隆起したり窪んだりしていた。谷は、ところどころで切り立った崖を形作り、永遠に乾きそうもない泥濘を底にわだかまらせたり、近くの川に続く小流れをチロチロと光らせたりしていた。現在では湿地や小川の大半が埋め立てられるか暗渠にされているようだが、水が豊富な土地であることが、鑓水の地名の由来である。

そうした鑓水の谷戸のうちのひとつ、「嫁入り谷戸」には、こんな言い伝えがある。

昔むかしの話である。その頃、この谷戸に住む村人たちは、谷底に痩せた田圃《たんぼ》を貼りつかせて、充分にはできない米を作り、満足に食えない日々を耐え忍んでいた。

さて、ある年の春のこと。村にひとりの巫女《みこ》が現れた。初めて来たときも夜であったが、それからというもの、夜毎、どこからともなくやってくる。

澄んだ鈴の音が静寂に鳴り響けば、それが前触れ。シャランと鈴音が煌めくや、瞬きするほどの間もなく、白装束の巫女が畦道《あぜみち》に降り立って、ひらひらと舞いはじめるのだった。

闇に踊る白い巫女を、村の男らは熱く欲すると同時に、深く畏《おそ》れた。

可憐な姿は上辺だけで、本性は魔であり妖であるに相違ないと思われたからだ。

夜の山越えは大の男でも命がけだ。女がひとりで通えるものではない。

ああいう人心を乱す魔物は誅《ちゅう》さねばならないと言う者もいた。そのうち一人は村いちばんの弓自慢の若者で、彼は己《おのれ》を正しく律するためにも、あの女妖を必ずや成敗してくれようと清い心で強く誓った。

——間もなく春の村祭がある。宵の口から田の中に舞台を組んで舞いを奉じ、豊年を祈る大切な習わしだ。巫女は必ずや舞台で舞おうとするだろう——と彼は暗い想いを募らせながら鏃《やじり》を研いだ。

祭の晩になると、弓に矢をつがえて物陰で待った。

ほどなく、何もない舞台の上に忽然と巫女が降り立ち、しなやかに踊りだした。月より眩《まばゆ》い舞い姿だった。村人たちは幻惑され、魅了された。

若者も例外ではなかった。

しかし彼は、巫女に惹かれれば惹かれるほど、熱い殺意が全身に漲《みなぎ》るのを覚えるのだった。

やがて時が満ちると、彼は渾身の一矢を放った。

矢が心の臓を貫いた……と、見る間に巫女は姿を掻き消した。

村人たちは総出で巫女の遺体を探した。そして白々と夜が明けた頃になってようやく、水神を祀った葦の陰に、胸を矢に射抜かれた白狐の亡骸を見い出した。

水神は田の神であり、白狐は稲荷神の御使いである。稲荷神もまた、田の神である。

春になると山神は里へ降臨して水神になる。この村では、稲は水神に守護されて育つと信じられてきた。秋の収穫で務めを終えると、神は山へ帰って再び山神となるのである。巫女は神の御使いだった。そうとは知らず殺めてしまった。田の神、稲荷神の怒りを買えば、みんな飢えて死ぬほかない。村人たちは畏れ慄《おのの》き、白狐を丁重に葬ると、塚を築いて神戸塚《みこづか》と名付け、供え物を欠かさなかったということだ。

嫁入り谷戸の名には、巫女を射殺した故事にちなむ「弓射り谷戸」が転じたとする説と、名主が江戸の大財閥・三井家から嫁を迎えたことに由来するという、二つの説が存在する。一見、前者と後者は全く異なるようだが、人外の巫女と三井家の令嬢には共通点がある。谷戸の小集落にとっては、どちらの女も余所者なのだ。

昔のことだ。他の土地から来る者について、現代とは感じ方が違う。お江戸の中心で生まれ育ったご令嬢と、かつての武蔵国多摩郡鑓水村の村人とでは、言葉の訛《なま》りも生活習慣も大きく異なった。

異邦人、エトランゼ、エイリアン。巫女にせよ、都会のお嬢さまにせよ、村人たちは自分たちとは完全に異質だと思ったはずだ。ようするに彼女たちは余所者で、古い村落共同体にとっては異物である。陰でどんな扱いを受けるか知れない。

ましてや女は？　三井家の娘は鑓水随一の豪商の家に輿入《こしい》れしたが、嫁入りからほんの数年で亡くなってしまった。

巫女に化けた白狐の故事に、基になった出来事が実際にあったと仮定してみよう。

白装束の若い女は、白拍子＝遊女に通ずる。夜毎に舞うという行為も、なにやら性的な暗喩《あんゆ》めいている。村の男たちから淫靡な視線を浴びせられたことが容易に想像できるのだ。

嫁入り谷戸の伝説には、もしかすると仄暗い事実が隠されているのやも……。

そして怪談も伝説の一種と見做したならば、今しも新たな伝説が鑓水に萌芽しようとしているのではないか。

——道了堂の堂守《どうもり》殺人事件。

——そして、大学助教授教え子殺人事件。

昭和時代にこの地で起きたこれら二つの事件からは、数々の怪談が派生して、現在もさまざまに語り継がれている。

二つの事件で殺されたそれぞれの被害者には、鑓水が舞台だったことと女だったこと以外、一見、何も共通点がないようだ。

しかし嫁入り谷戸の伝説を踏まえると、被害者二人ともが、あの巫女と同じく、コミュニティの外部から村に来訪した余所者だったことに気づく。

そう。これらの事件は古い伝説をなぞるかのように起きたのである。

それぞれの事件から生まれた怪談と殺害されるに至った経緯を紹介しつつ、怪異の深層に迫りたいと思う。このたびの取材の過程で発見した事実もあり、新しい怪異体験談を採取できたことも、ここであらかじめお伝えしておく。

《第二段》私の道了堂と首なし地蔵

本題に入る前に、私が子どもだった七〇年代の話をしておこう。あの頃、道了堂跡を含む鑓水地区は、失礼を承知で言ってしまえば、ようするに田舎だった。

鑓水と私の実家がある片倉は隣り合う。道了堂跡は宅地造成で削られた大塚山の頂上で、うちは大塚山の麓にある。バイパスが山を分断するまでは、山の尾根を真っ直ぐに一〇分ほど歩くだけで道了堂跡まで行くことができた。

けっこう近いのに、道了堂跡の辺りから先は、私の家や通っていた小学校がある出来立てほやほやの新興住宅地とは景色が一変するのが面白かった。

鑓水では、丘の斜面に桑畑が広がり、牛や鶏《にわとり》を飼っている農家も多かった。

私が九歳かそこらの時分には、典型的な里山の景色をまだ見ることができた。大塚山には山菜摘みに訪れる者が多く、山道を人が行き来していた。そこには子どもたちの姿もあった。オヤツになる野苺《のいちご》やアケビが自生し、夏にはカブトムシやクワガタが獲《と》れたのだ。廃墟になった道了堂跡はジャングルジムやアスレチックの代わりを果たし、近隣の小学生たちの秘密基地にもなっていた。

もちろん、道了堂跡で堂守の老婆が殺されたことは知っていた。

映画『男たちの大和』の原作者で知られる辺見《へんみ》じゅんの『呪われたシルク・ロード』が角川書店から発売されたのは一九七五年。私が片倉に引っ越してくる二年前で、引っ越してきた当時は近所の書店にまだ平積みされていた。

さっそく両親が買って読んでいたように記憶している。私自身も当時から何度か拝読してきたが、本稿を書くにあたって今回あらためて読み直した。

すでに読まれた方はご存知のように、『呪われたシルク・ロード』には、道了堂と鑓水の栄枯盛衰が描かれている。当然のことながら、道了堂が堂守強盗殺人事件を経て廃墟化するまでの経緯も詳細に記されていた。

さらに同書では、大学助教授による一連の事件についても触れている。こちらは一般には「助教授教え子殺人事件」として知られ、知識階層による愛人殺人と死体遺棄、そして一家四人無理心中からなる大事件で、一九七三年の夏に女子大学院生の失踪事件として報道が開始し、この本が発売される頃まで、テレビや全国紙で散々報じられてきていた。

だから私も、本を読む前から鎧水で過去に二つも殺人事件が起きたことは知っていた。

私だけではなく、近在の子どもたちは誰しも、テレビのニュース番組を自分も見たか、もしくは親をはじめとする周囲の大人たちから話を聞かされるかしていたと思う。

人殺しのあった土地の例に漏れず、道了堂の辺りには幽霊が出るという噂も、当時から耳にしていた。心霊スポットとして知れ渡っていなかったが、「出る」だの「見た」だのといった単純な噂は、堂守強盗殺人事件の二年後くらいからあったとされている。

事件後、管理者を失った道了堂はたちまち荒れ果て、「殺された老婆の幽霊がすすり泣く」といった怪異目撃談が語られるようになったのだ。

しかし、子どもだった私が道了堂跡で怖いと思ったものは、血腥い事件による穢れでも幽霊でもなかった。

まずは、夜の闇だ。夜、大塚山は目が潰れたかと思うほどの漆黒に閉ざされた。手探りで細い山道を歩くのが危険なことは子どもなりに理解していた。ところどころ道の端が急斜面に落ち込んでいるところがあり、転げ落ちれば大怪我をすることは必至であった。

野犬も恐ろしかった。山には野生化した犬の群れが棲んでいて、真っ暗闇をヨタカの叫びが引き裂くと、山中のどこかで遠吠えが応えるのだった。厳しい自然の中では小型犬は淘汰されてしまうのか、中型から大型の犬ばかりが数頭で徒党を組んで、黄昏どきになると活発に行動し、ときには町に下りてきた。噛まれた子が身近におり、私自身も下山する際、群れに後をつけられたことがあったから、うっかり夕方になるまで山で遊んでしまったときは、麓に下りるまで不安でドキドキしたものだ。

その癖、私は、町中を走りまわって「野犬狩り」に精を出す保健所のトラックのことも、ひそかに恐れた。あれを見かけるときに限っては、野犬に共感していた。彼らの立場では檻を積んだトラックは死の使いだ。野犬の気持ちになって怖いと感じた。

道了堂跡の辺りを心霊的な意味で少し恐れるようになったのは、片倉に引っ越してきてから一年ほど経ったあるとき、こんなことがあったせいだ。

友人たちと道了堂跡で遊んでいたところ、見知らぬ姉弟と出逢い、一緒に鬼ごっこに興じた。すると、その姉弟が、姿を消したかと思うと意外な場所から忽然と現れたりと神出鬼没で、だんだん違和感が募ってきた。そして、ついには私がひとりで隠れていた押し入れの暗がりに、突然、姉弟の姉の方——私と同じ一〇歳前後と見受けられた——が現れた。

短いスカートを穿き、膝小僧を両手で抱えて体育座りをしていた。……土の匂いがした。悲鳴をあげて押し入れの外に飛び出した直後、友人のひとりが堂宇の床を踏み抜いて脛《すね》から血を流した。怪我をした子を慰めながら、ふと気づけば、あの姉弟が姿を消していた。そのとき、彼らがなぜか一度も名乗らず、しかもそれを誰も変に思わなかったことに初めて気づいて、押し入れのときとは違う戦慄を覚えた。初夏の白昼の出来事だ。

しかし、その後も私は道了堂跡を心霊スポット、もしくは怪談の現場として認識したわけではなかった。当時の私は心霊スポットなる概念を知らなかった。

それには稲川淳二《いながわじゅんじ》さんが道了堂跡を訪れて「首なし地蔵」の怪談を発表しはじめた九〇年代後半まで待たねばならない。

今回、稲川淳二さんのDVD『稲川淳二の絶叫夜話 ～怪奇談～』に収録された「八王子の首なし地蔵」を視聴してみたところ、彼は道了堂跡を少なくとも二回は訪れていて、最初に行った時点で、すでに堂宇《どうう》が撤去されていたことが確認できた。

道了堂の建物が取り壊されたのは、不審火によって本堂が焼失した一九八三年のことだ。また、稲川淳二さんたちは数年後にも道了堂跡を再訪されているのだが、そのとき、眼下に広がる新しい住宅地に初めて目を留められていて、そのとき見た住宅群の中に私の家もあったのだと思うと何やら楽しくなってしまった。

さらに、稲川さんたち一行は道了堂跡で墓を見つけるのだけれど、これは『呪われたシルク・ロード』の記述や私が記憶している光景とも一致する。

彼らが見た墓石は、殺された堂守の墓と、彼女の夭折した長男と長女の墓、それから可愛がっていた動物たちを葬った「犬猫供養塔」であると推測できる。

いずれの墓も、現在は道了堂跡に新たに整備された墓所の囲いの中に改葬されている。

昔、八王子には埋め墓と参り墓を分ける習慣があった。かつては、家のそばにいったん埋葬した遺体を後に掘り起こし、あらためて寺の墓地などに改葬したのだという。

道了堂の本堂は、堂守の自宅を兼ねていた。

だから、まずは住居の裏手に家族を葬ったことは古い八王子の習慣にも則っている。寺の別院だから、改葬せずにそのまま参り墓を兼ねたとしてもおかしくはない。

しかし遺族などが墓参りするには不便な山の中ではあるし、道了堂跡は廃墟だった時期が長かった。殺人事件があってから、一九九〇年に大塚山公園の一部として整備されるまで、三〇年近く放置されていた。私が遊んでいた頃は、一面、草ぼうぼうだったものだ。

犬猫の供養塔はともかく、人の、ましてや一応は元堂守のお墓が、藪だらけの廃墟にそれほど長く放置されていたのはなぜだろう？

後述するが、道了堂の堂守は鑓水の村人と対立し、道了堂を別院として建てた母体である村の古刹・永泉寺《えいせんじ》との関係を酷くこじらせていた。関係良好であれば、堂守の死後は本院が引き継ぐようなこともできたのであろうが……。今は自治体が墓所をきちんと管理しているようで幸いだ。

怪談実話としての「首なし地蔵」には、他にも興味深い点を見つけた。

それは、稲川さんたち一行が境内跡で発見した「あぐらをかいて、自分の首を抱えている首なし地蔵」というのは、座像の子安地蔵だったのではないか、ということ。

道了堂跡には亀に乗った子安地蔵があり、かつては本堂の近くに据え置かれていた。今では場所が移され、台から下ろされて背が低くなっているが、以前は大人の肩ほども高さがある石の台に乗っていて、かなり目につくお地蔵さんだった。

赤子を胸に抱いた座像だから、あの地蔵の首が落ちたら、あぐらをかいて首（実は赤子の頭）を抱えているように見えるのではないかと想像したのだが、どうだろう？

一方、これとは別に、道了堂跡には、いわゆる首なし地蔵として全国のオカルトマニアに知られている石仏が存在する。ただしこちらは自分の首を抱えることなど絶対にできそうにない立像なので、もしもこれが頭を抱えていたとしたら非常に恐ろしいことだ。

この地蔵は今までに何度も首がもげており、元の頭はとうの昔に失われて、新しく作った頭部にすげかえられている（が、この首も繰り返し落ちている。三・一一の震災の頃にはボディも破損し、首だけが台に置かれて「生首地蔵」になっていた時期もある）。

――怪談実話は、怪異の体験者が語る主観的な真実を受け容れることで成立し得る。

しかし体験談を多角的に検証すると、体験者の視点からは見えなかった客観的な事実が掘り出されてくるものだ。思うに、一体験談は単旋律のメロディに似ている。背景となる土地の歴史や民俗、あるいは事件をそこに重ねることで、新たな恐怖を呼び起こす協奏曲や交響曲になる場合があると私は考える。

この稿を起こすにあたり、『呪われたシルク・ロード』の他に、一九七七年（私たち家族が片倉に来たのと同じ年）に出版された『滅びゆく武蔵野　第二集　■特集／変貌する多摩丘陵と絹の道』、『幻の相武電車と南津電車』、八王子市の市政資料室から取り寄せた『八王子の歴史文化　百年の計（八王子市歴史文化基本構想）』といった書籍と各事件当時の新聞などの記事を参照した。さらにインターネットでも検索し得る限りの関連情報を蒐集し、地元の知人にも協力を要請して、現場取材を助けてもらった。

その結果、かつて私が『赤い地獄』という本の中で「八王子」と題して道了堂について綴ったときには思い違いしていたことや、今まで知らなかった事実が明らかになった。

さあ、まずは道了堂の事件から始めよう。

以前誤っていた部分を正し、世間ではまだ知られていないことも紹介したい。

《第三段》絹の道

事件は、一九六三年（昭和三八年）九月一〇日に、道了堂の堂守の自宅兼本堂の室内で起きた。堂守の女性が鋭利な刃物で惨殺され、遺体で見つかったのである。

彼女の名前は浅井俊代《あさいとしよ》こと浅井とし。享年八二（満八一歳）。

死因は失血死と見られ、咽喉と左胸を突き刺されていたほか多数の切り傷を負い、遺体発見現場は血の海であった。発見時、顔と上半身には座布団が被せられていた。

第一発見者は、としと同居していた三〇代の女性だった。

彼女については、既存の活字媒体を含め、現在確認できる限りのあらゆる資料に浅井としの娘であるとして書かれており、つい最近まで、私もそう信じ込んでいたのだが……。

「浅井としさんの娘と言われている人は、本当はとしさんの姪御さんです」

こんな衝撃的な証言が、このたび寄せられた。

本書『八王子怪談』を書き下ろすために、本の企画が通った二〇二一年二月初旬から、八王子に所縁のある方々にインタビューすべく、体験談募集の広告をツイッターにアカウントのある情報サイト「八王子ジャーニー」と「桑都八王子新報」に載せてもらい、自分のＳＮＳでも取材対象者を募った。

　すると、最終的に三〇人余りからご応募があり、その中のひとりが浅井としの娘だと言われている人物をよく知っていた。昔から八王子市内で営業している老舗の卸問屋で生まれ育ったという女性で、怪異体験談とは別に、「少しご相談したいことがある」と仰るので訊いてみたところ、驚きの新事実を打ち明けられたというわけだ。

　最初、彼女はかなり立腹しているようすを隠さなかった。

「当時の雑誌や何かのマスコミだけじゃなくて、有名な作家さんの本にも間違って書かれて、当人は言うまでもなく、うちの家族や番頭をはじめ問屋の者たちは全員、憤慨していたんです。でも出版社に抗議すると、また注目されて嫌な思いをするかもしれないでしょう？　だからずっと我慢してきたんですけど、川奈先生なら、個人の特定を避けながら真実を書いてくださると思って……」

「ちょっと待ってください！　本当に、娘ではなくて姪御さんなんですか？」

「はい。間違いありません。だって彼女は、うんと若い頃からずっとうちで働いていて、家族同然に付き合っていましたから。両親はとしさんのお葬式にも参列しましたし……」

　――浅井としの葬式！

「ええ、父と母は姪御さんの雇い主でしたからね。うちの番頭も一緒に行って、ご焼香したと思います。彼女は歳を取ってから親類のいる静岡の方へ引っ越されましたが、今も親交があります。まだお元気ですよ。もう九〇歳を過ぎていらっしゃいますけど」

私は驚き、その方から直接お話を伺えないだろうかと相談した。

しかし「昔から道了堂のことを訊かれるのをたいへん嫌がっているので、取材には協力させられません」とのこと。また、昨年来、新型コロナ感染症が全国に蔓延していて、特に猖獗《しょうけつ》を極めている東京のど真ん中に住む私が、地方在住の高齢者に会いにいくのは絶対に避けるべきでもあった。

そこで、老舗問屋の娘である彼女を介して疑問を解消していくことにした。

まず、なぜ二人は同居していたのか。

「浅井としさんが、歳を取ってだんだん家事に手が回らなくなったときのことを恐れて、郷里の静岡から彼女を呼び寄せたんですよ」

つまり、としには兄弟姉妹がいて、そんな頼み事ができるほどだから、それなりにきちんと親戚づきあいもしていたということになる。

私の中の浅井とし像がガラガラと崩れた。

殺された老堂守の孤独と孤立、世間とは没交渉だったことばかりにスポットを当てて書かれたものしか読んだことがなかった。そのせいで偏見を膨らませていたのだ。

「当然ですけど、姪御さんは本に書かれたのとは違って、私生児じゃありません。としさんのきょうだいの娘です。おばさんのお世話をするために上京してきた姪御さんですよ」

二人は親子同然に助け合って暮らしていたらしい。姪は少女の頃に道了堂にやってきて、長じてからは八王子市内の問屋に職を得て、経済的におばを援助した。

既存の活字媒体では、としの「娘」は何の職業に就いているか伏せられた上で、「母」の若い頃の行状が悪かったがために、婚約が破棄されたとされていた。

「姪御さんは、とても真面目な勤め人で、身持ちも堅い人でした。気立ても良くて働き者で。それなのにマスコミは、彼女の仕事や性格について、あえて世間の誤解を招くような書き方をしましたよね？　しかも父親がわからない私生児で婚約が破談になったなんて、ひどい嘘を……。その結果、彼女は、としさんが殺されて精神的に参っていたときに、そういうものを読んだ人たちから中傷を受けたんですよ？　どれだけ傷ついたことか！」

村人がまことしやかに破談の噂をしていたという記述なら、私も読んだ。

昭和のその当時は、経済的に自立している未婚の女性に対して、偏った見方をする傾向が世間にあった。当時彼女は三〇代。今なら独身でもなんとも思われない年頃だが。

村人たちは取材者に嘘を吐いたわけではなく、如何にもありそうな噂が狭いコミュニティの中で既成事実化していたのかもしれない。……もしかすると、マスコミが姪を娘と書いた経緯も、似たようなものだったのでは？

村を訪れたマスコミの記者や作家に、姪を娘であるとして話したのは鑪水の村人たちだ。姪の苗字もとしと同じ浅井で、親戚だから面差しも似ていた可能性がある。道了堂に来たときの年齢は不明だが、少なくとも手のかかる赤ん坊ではなかった。しかし娘だと決めつけた上で「預けていた三番目の子を呼び戻した」などと理屈をつけることは可能だ。

無論、長年にわたって没交渉でなければ成立しない思い込みではある。

「そうですよ。姪御さんは村では買い物もしませんでした。何でも八王子の街で買って帰っていました。事件があった日も、朝から仕事をして、帰りがけに買い物をしたんです。その頃は、うちから鑪水の道了堂までバスや徒歩で三〇分以上かかったはずで、最後は山登りみたいなものですから、くたびれ果てて家に帰ってきたわけですよね。すると一面、血の海で、としさんが座布団を顔に乗せて、血みどろになって倒れていたんですって」

変わり果てた姿で倒れているおばを見つけて、彼女は警察に一一〇番通報した。

そして駆けつけた警察官たちに、犯人は鑪水の村人に違いないと主張した――と書かれた読み物が複数あるが、それは本当だろうか？

「ええ。それはその通りです。姪御さんは、私の両親にも、村の人間が殺したのかもしれないと話していました。としさんと村の人々との軋轢は昔からのことで、姪御さんも仲間外れにされていましたし、また、としさんと村のお寺との裁判でとしさんが勝って道了堂の土地を手に入れたことを知っているのは、村の人たちだけですからね……」

しかし実際は、流れ者による思いつきの犯行だった。山梨県から来た労務者が道了堂を見つけて強盗に押し入り、持っていた出刃包丁で脅すうちに、勢いで殺してしまったのだ。盗られたのは、としが境内でハイカー相手に売っていた駄菓子の売上金三百円のみ。今の相場で千数百円相当だ。堂内にあった現金はこれだけだったという。

「これは、姪御さんと私の母が、としさん殺人事件を担当した刑事さんから聞いた話ですが、その労務者がとしさんを殺したのは、まだ明るい時刻だったそうなんです」

秋の初めの午下がりだった。浅井としは、独りで縁側で日向ぼっこをしていた。

本堂兼住居の障子は開け放たれ、深い庇の陰を涼しい風が吹き抜けていた。

その男が訪ねてくるまで、としの愛猫が、おそらく彼女の膝で眠っていた。

——とどめを刺されるまで、としは抵抗したのだろう。傷つき、血を流しながら狭い堂内を逃げまわったが、とうとう馬乗りに押さえつけられて、胸と首を何度も刺された。

動脈が切れ、噴水のように鮮血をほとばしらせながら、彼女は事切れた。

老堂守が動かなくなったのを見とどけると、男は室内を物色しはじめた……が、しばらくして亡骸の方でピチャピチャと変な音がすることに気づいた。

振り返ると、カッと目を見開いた老女の亡骸のそばに一匹の猫が屈み込み、血だまりに鼻先を突っ込んで、一心不乱に鮮血を舐めていた。

この光景を見て男は震えあがり、恐るおそる遺体に近づくと、としの顔から刺し傷だらけで赤黒い沼のようになった胸の辺りまでを、そばにあった座布団で覆い隠した。

それでも恐怖が去らず、結局、わずかな金を手に入れただけで逃げ出したのだが……。

「夜毎、そのときの光景が夢に出てきたんですって。何日かすると耐えられなくなって、結局、自分から捕まりに来たそうですよ。ペラペラ自供したと刑事さんが言っていました」

犯行の動機は金に困っていたからで、周囲に人家のない山中のお堂であれば、お賽銭もあるだろうし、誰にも見つからないと考えたのだという。

「短絡的な人間による粗《あら》っぽい犯行だったわけですね。……それにしても、なぜ、浅井としさんは鑓水の村人たちと仲が悪かったのでしょう？　お寺との裁判が原因ですか？」

「さあ……。私もよく知らないんですけど、としさんが若い頃からのいろんな積み重ねがあったみたいですよ」

「なるほど。後で調べてみます。……では、としさんのお葬式について教えてください。どこで行われたんですか？」

「道了堂ですよ」

「えっ⁉　でも……殺害現場ですよね？」

「ええ。だけど姪御さんが喪主になって、ここでやると決めてしまったので……。参列者は、うちの両親と番頭さんと、数人の刑事さんたち、あとは静岡から来た親戚の人が二、三人で、村の人は誰も来ていなくて、寂しいお葬式だったそうですけど、それがね……」

襖《ふすま》や障子にとしの鮮血が飛び散った跡が生々しく残り、惨たらしい最期を否が応でも想起させたのだという。問屋の経営者夫妻は、このありさまに怖気を振るい、ただひたすら早く終わることを願っていたとのことだ。

「番頭さんも両親も、揃って青ざめた顔をして家に帰ってきましたっけ。道了堂はここ何十年も畳を換えていなかったようで、歩くとズブズブと踵が沈んだそうですよ。その感触も気色悪かったとか……。もちろん、いちばん怖かったのは血の跡で……」

「血の跡？　まさか、殺されたときのままになっていたなんてことはありませんよね？」

「それが、そのまさかだったんですよ！　砂壁や障子に大量の血しぶきが染みついていて、びろうな話ですけど母は怖くてオシッコが近くなってしまって、おトイレを借りたそうなんです。そうしたら、おトイレが本堂の外にあって、もう夜でしたから辺りは真っ暗です。ガタガタ震えながら用を足したそうですよ。姪御さんには申し訳ないけど、あんな怖いお葬式は二度と御免だと母は申しておりました」

私は貴重な証言に感謝しつつインタビューを終えた。

――やはり引っ掛かるのは、村人と浅井としの因縁だ。

インタビュイーは「としさんが若い頃からのいろんなことの積み重ね」と言っていた。

浅井としと村人たちの間に何があったというのだろうか？


浅井としは静岡県の農家の出自だ。

鑓水に来たのは二八歳のとき。明治四二年（一九〇九年）のことだ。

その頃の農家の娘としては珍しく、彼女はまだ独身だった。もしかすると、そのことも八王子の山寺に入山する原因になったのかもしれない。

しかし最大の理由は、道了堂の初代堂守・浅井貞心《ていしん》の姪であったことだ。死期を悟った貞心が、後継ぎを選ぶにあたり、彼女に白羽の矢を立てたのだ。

浅井貞心は、浅草の花川戸に庵を結ぶ尼僧だったとされている。

道了堂の正式名称は、永泉寺別院曹洞宗大塚山大岳寺。鑓水の古刹・永泉寺の別院として創建するにあたり、明治七年（一八七四年）に花川戸から道了尊を勧請したという。

そのとき同時に浅井貞心も呼び寄せられて、堂守になった。

しかし――ここから話がちょっと生臭くなってくるのだが――貞心は、鑓水に来てからそのポジションに納まったのか、浅草にいた頃から男女の関係だったのかはわからないが、永泉寺住職の内縁の妻でもあった。

また、道了堂が鑓水に勧請された経緯には、村の有力者たちの都合も絡んでいた。八王子が「桑都」と呼ばれはじめた、幕末から明治にかけての頃、鑓水は生糸を商う豪商を幾人も輩出した。生糸の原材料を作ることにも成功していた。満足に米が採れない鑓水の谷戸でも、桑と蚕《かいこ》はよく育ったのだ。村の娘は製糸と機織《はたおり》に励み、豪農や名主には商才に長けた者が多かったので、急速に富と権力が村に集まってきた。

タイミングも良かった。幕末頃に海外で蚕の伝染病が流行して生糸の相場が跳ねあがると、絹はすぐに日本の主要な輸出品になったのだ。鑓水の名声は上がり、村は「江戸鑓水」と称されるようになった。武蔵国多摩郡鑓水村から横浜まで街道を行き来する鑓水商人は、文政年間（一八一八～二九年）には、すでに広く存在が知られていた。

……ちょっと待った。横浜の開港は安政六年（一八五九年）。これは奇妙だ。もしかすると、生糸の密貿易が行われていたことになりはしないか？

実際、『呪われたシルク・ロード』では、ペリーが来航して横浜開港を迫ったのは、オランダと日本の密貿易ルートが内陸部から横浜まで通じているという情報を米国が得たためだという、歴史を覆すような大胆な推理が展開されている。

信じがたい話ではあるが、明治初期の鐺水にはオランダ商人を顧問に抱えた生糸商が存在し、谷戸だらけの寒村には似合わない豪商が横浜開港より前に五人も誕生していたのは紛れもない事実だから、嘘か真かわからないながらも、一応、筋は通っている。

この生糸・絹織物の運搬ルートが後の「絹の道」だ。一九五七年には道了堂の石段の横に「絹の道」と刻まれた石碑も建てられた。

しかし昔は「神奈川往来」あるいは「神奈川往還」や「浜街道」などと呼ばれていたようだ。明治四三年（一九一〇年）に刊行された『八王子案内』には、子安村（現在の八王子市子安町付近）より片倉村（私の実家がある片倉地区）、杉山峠（現在の御殿峠）、相州高座郡橋本村（現在の神奈川県相模原市緑区橋本付近）を経て厚木に至る「厚木往還」と、これが片倉村から分岐して神奈川方面へ通じる「鐺水道了道」が記されている。

この鐺水道了道の起点（分岐点）が大塚山の頂上にあった。

鐺水商人にとって、そこは世界の正面玄関だった。この場所に宗教施設を設ければ、生糸相場に命を賭ける商人の武運と横浜への旅の安全を祈るのに最適だし、休憩するにも集合するにも都合が良い。ついでに茶店も出して物見遊山の客を呼び寄せたら、村が潤う。

人通りが増えれば、その頃、村人たちの悩みの種だった山賊対策にもなろう。豪商や豪農が急増した鐺水界隈は犯罪者たちに狙われていた。屋敷に隠し部屋を設けるなどして財産を守っていたが集団で来られたら防ぎ切れるものではないし、街道には追い剥ぎも出た。

――道了堂の構想が固まると、鑓水の豪商たちはこぞって出資した。

地元の有力者たちの強力な後ろ盾を得て、初代堂守・浅井貞心の時代には茶店三軒が参道に立ち並び、大いに賑わったそうだ。

しかしすべて順調というわけでもなく、建立から間もなくなぜか本堂が破壊され、三年後に再建したときはコレラが大流行して開山を遅らせねばならず、ようやく再興してしばらく上首尾に行っていると思ったら、一〇年も経たずに本院の永泉寺の本堂が火災で焼け落ちてしまった。尚、その後、永泉寺は、同じ鑓水の豪商・八木下要右衛門家の屋敷を移築して本堂にしたのだが、この屋敷というのが、そこで息子が長槍で父親を串刺しにして惨殺してから不吉を恐れて空き家にしてあったといういわくつきの建物だったとか……。

ちなみに、道了堂が建てられ、そして私の実家の辺りまで山裾が伸びている大塚山の「大塚」は古墳を意味するとして、道了堂跡一帯を巨大な墳墓の跡だとする説もある。

――さて、話を浅井としに戻す。

先に述べたように、浅井としは叔母である貞心に呼ばれて鑓水に来た。

入れ替わるように貞心は逝去。すぐに、としが道了堂の二代目堂守になったのだが、彼女は叔母と違って得度《とくど》を受けた僧侶ではなかった。

堂守としてのとしへの最大限の賛辞が「若い女行者で加持祈祷をよくする」「願い事がよく叶う」というものだった。

しかし『呪われたシルク・ロード』には「たまたま女行者の道を選ばされたとしには、戒律や仏門に帰依する心構えは希薄であった」と容赦のないことが書かれている。

しかし、としは他県の農村から連れてこられた弱冠二八歳の娘だ。毎日、堂守らしい体裁を取り繕うだけで精一杯だったのではなかろうか。

しかもすぐに村の男たちが群がってきたので、ますます僧侶を目指すどころではなくなってしまったのでは……。

先代の堂守・貞心は、住職の内妻であったたし、正真正銘の僧侶でもあった。

だから貞心には誰も悪さを仕掛けなかったと思われる。

けれども、としは……。

当時は二八歳にもなって独り身だと、「わけあり」の女だと見られる時代だった。

彼女が小柄な美人だったのも、良くない方へ作用した可能性がある。

夜になって茶店の売り子たちが帰ってしまえば、境内には彼女以外、誰もいない。

周囲は樹々に囲まれており、鑓水や片倉の里は遠い。

――残酷で淫靡な場景を想像するには充分すぎる条件が揃っていたと思われる。

何があったのか、今となってはわからない。しかし鑓水の有力者や近隣の寺の住職など、近くに住む男が何人も道了堂に通っていた時期があり、その結果、としが父親のわからない子を二人も産んだのは確かな事実だ。

そして、最初の子も次の子も、乳幼児のうちに死んでしまったことは、今も境内に残る嬰児《えいじ》の墓が証明している。

忍んでやってきた男たち全員を彼女が最初から積極的に歓迎したとは思いづらいのだが、二人とも夭逝したとはいえ次々に私生児を生んだがために、彼女は世間の軽蔑を受けるようになった。

さらに、村の女たちは、自分たちの夫をたぶらかす破廉恥な存在として彼女を憎んだ。

――理不尽だ。鑓水の村人に対する、としの恨みは深かったのではないか。

しかし彼女は孤独に耐えて、したたかに生き抜いた。

後年、としは、永泉寺と永泉寺側についた鑓水の村人たちと敵対することを厭わず、亡児の父親だという噂があった村長と結託すると、永泉寺が所有していた道了堂の土地の権利を自分のものに書き換えさせた。これが問屋の娘さんが話していた永泉寺との裁判沙汰に発展したと思われる。裁判ではとしが勝ったが、溝は深まった。

晩年のとしは人嫌いで、毎日決まった時間に訪ねてくる郵便配達員と姪としか親しく会話をしなかった。

人と交流しない代わりに、物言わぬ生き物たちをとしは愛でた。草木を栽培し、犬や猫を何匹も飼っていたほか、境内に棲みついた野兎や軒に飛んでくる野鳥も餌付けして可愛がった――今も道了堂跡に残る犬猫供養塔の所以である。

そして、運命の日を迎えたのだった。

その日、彼女はいつもの郵便配達員と昼食をとった。これが最期の食事になった。穏やかな優しいひとときであったことを、としのために願う。

としの姪は、おばの墓を道了堂に建てた。

現在も、道了堂跡に大岳院俊徳貞順大姉というとしの戒名が刻まれた墓がある。

藪に打ち捨てられていた時期もあったが、今は、獣たちや赤ん坊のうちに死んでしまった子どもらの墓と一緒に、柵で囲われた新しい墓所に納まっている。

浅井家の墓を前にすると、《第二段》で前述した神出鬼没する姉弟の怪異をどうしても思い出してしまう。あの話を初めて書いたのは七年ぐらい前のことだ。廣済堂文庫から『赤い地獄』という短編集を上梓する際に、収録した怪談実話「八王子」で、ささやかな一エピソードとして綴った。執筆当時は、道了堂の殺人事件から約一〇年後に鐙水で起きた、某大助教授による愛人殺害死体遺棄事件および妻と二児を道連れにした一家心中を想起して、あれは、件の助教授の子どもたちの幽霊なのではないかと推理していた。

だからそのように書いてしまったのであるが、これはまるっきり間違った推察だったことを、ここに告白しなければならない。

まず、あらためて某大助教授の事件について調べたところ、助教授の二児は姉妹で、男児はいなかった。

さらに、浅井としについて詳しく知ったせいで、当時とは違う推理を立てられるようにもなった。もしかすると、彼らは夭逝したとしの子どもたちの霊だったのでは……とか。

けれども私が遭遇したのは姉と弟。亡くなったとしの実子は、長子の卒塔婆に「淳甫童子」、次の子のには「晴江嬰女」と書かれているから、上が男の子（淳甫の読みは「じゅんすけ」か「あつすけ」だろう）で、下が女の子でなければおかしい。

では、としが慈しんだ獣たちの魂が、幼い姉弟の姿に化身したのか？

彼女は、自らの亡児二人の墓のそばに彼らの供養塔を建てていた。

獣たちの方でも、その愛情に応えようとしたとして、何の不思議があるだろう。

同じ鐙水でも違う場所で起きた別の事件の関係者を、希薄な理由で道了堂跡の幽霊だとするよりも、動物霊が悪戯したと思う方が無理がないように思う。

——そして話は、もうひとりのエトランゼたる女が、彼《か》の地で殺された話に移るのだ。

《第四段》助教授教え子殺人事件

これは有名な事件である。書くにあたって私は事件に関わった大学の名称や関係者の名前を伏せようと思うが、既刊の書籍を含めてさまざまなところですでに実名その他が明かされており、おまけに前段までの道了堂の事件については浅井としと貞心の実名を記したのだから、あえて名を伏せる合理的な理由が乏しいことは承知している。

しかし某大学の名誉をあらためて傷つけてまで、実名にこだわる必要はなかろう。

ちなみに「助教授」は二〇〇七年の学校教育法改正前の職階で、その仕事は、教授の職務の補佐をしつつ、自らの研究や学生指導にもあたるというものだった。

単なる偶然だが、事件が起きた頃、私の父も別の大学の助教授だった。

父は後に教授になった。すると父の研究を手伝っている助教授が私の家を訪ねてきたり、父の口から頻繁に彼の名前を聞いたりするようになった。

大学や学部、研究の種類や教授の性質により、教授と助教授の距離には差があったようだが、事件を起こした某大助教授も、自分が仕える教授と近しくしていたという。

彼は教授の別荘の合鍵を預けられていて、教授不在の折でも、別荘の建物を自由に使うことが許されていたそうなので、深く信頼されていたようすが窺える。

その別荘というのが、鑓水にあった。

今もその辺りにキリスト教会があるのだが、事件の当時、道了堂跡から二・六キロ南下した所にクリスチャンだった教授の私設礼拝所があった。

これは別荘の敷地内に建っており、皮肉なことに、この祈りの場所の足もとで、助教授は殺人および死体遺棄事件を犯した。

昭和四八年（一九七三年）七月二〇日、不倫相手だった二四歳になる教え子＝大学院生を教授の別荘で殺害、いったん別荘の敷地内に遺体を隠して帰宅。しかる後、あらためて別荘を訪れると、敷地に隣接する山中に遺体を埋め直したのだ。

殺害された女子大学院生の遺体発見を報せる翌年の三月一日付け朝日新聞の朝刊に、遺体発見現場を表す地図が掲載されている。

今回、私は、この地図と現在のグーグルマップの鑓水地区の部分をレイヤーして照らし合わせ、川や道路など、地形が同じ部分を探し出した。

すると、なんとしたことか――今までいろいろなところに書かれてきた「殺された女子大生の幽霊」が出た場所の〝根拠〟が、みんな崩れてしまったのである。

たとえば、道了堂跡に被害者女性の遺体が捨てられていたとする説が根強く存在する。道了堂跡で若い女の幽霊を見たという体験談を語る者が、いまだに多いせいだ。

……白状するが、私自身も「道了堂の付近に遺体が捨てられた」と書いたことがある。ところが、これが根拠を持たない。

はっきり言えば大間違いであった。新聞に載っていた地図とグーグルマップを重ね合わせて確認してみたところ、真実の遺体発見現場は、教授の私設礼拝所から南東に百メートルほど行ったところだとわかってしまったのだ。道了堂からは直線距離でも二キロ以上、山林を迂回して道を歩いた場合には三キロほどの道程になるから、見当違いも甚だしい。

他にも、そこに被害者が埋められていた、もしくはそこで殺されたために幽霊が出没するとされている場所に「鑓水公園」と「鑓水板木の杜緑地」がある。

しかし、これらも残念ながら誤りだったことが、このたび明らかになった。

どちらも、真の遺体発見現場から五、六〇〇メートル余り離れているからだ。

尚、殺害現場である教授の別荘跡からは、どちらもさらに遠い。

では、本当の死体遺棄現場はどこなのか？

――そこは現在、昭和六三年（一九八八年）に遷座してきた「日影弁財天社」と「日影伏見稲荷神社」に伴う、人工的な鎮守の杜「鑓水日影弁財天緑地」の中にある。

鑓水日影弁財天緑地は東西に伸びた細長い形をしており、遺体が掘り出されたポイントは、そのエリア内中央よりも、やや西寄りの南端だと推定される。

そこから道路を挟んだ南側に、現時点のグーグルマップで「鑓水サーキット」と表示される広い草っ原の空き地があり、問題のポイントがそこにかかっている可能性もある。

しかし新聞に掲載された地図を信じるなら、最も疑わしいのは、やはり鑓水日影弁財天緑地内だ。

地図が載っていた紙面には、当時そこは多摩ニュータウンの造成予定地で、「教授の別荘の裏山」で、さらに崖の下だったと書かれていた。今でも鑓水日影弁財天緑地には急傾斜の土手が確認できる。

それにしても、どうして事件現場付近に神社を建てたのか？

私はそこにある「遷座記念の碑」の碑文を読んで、因縁めいたものを感じてしまった。

「古来より日影の里に鎮座して氏子に敬い親まれて来た　日影弁財天社　日影伏見稲荷社は　多摩ニュータウン事業計画の一環として　この地に遷座し給うものである」

――稲荷！

嫁入り谷戸の狐伝説を連想させられるではないか。

多摩ニュータウン事業計画の一環で遷座させたというが、「日影の里」とは、鑓水にあった「日影谷戸」一帯のことと思われた。

地租改正前は「伊丹木谷戸（板木谷戸）」が「日影谷戸」と呼ばれていた。

鑓水地区のほぼ中央である。そこから弁財天と稲荷社を、事件から一四年後に遷座してきて、まるで死体遺棄現場を緑で覆い隠すかのように、鎮守の杜を作ったのだ。

助教授がここに遺体を埋めたのは、殺人から七日後の夜のことだった。

その七日前――運命の一九七三年七月二〇日、鑓水は雨だった。

彼が教授の別荘でひそかに愛人と逢引するのは、これが初めてではなかった。穏やかに話し合うつもりが、揉めた挙句に衝動的に殺してしまったのかもしれない。

ともかく、蕭々《しょうしょう》と温い雨が降りしきる七月の午後、男は女を縊《くび》り殺した。

殺してしまってから、彼は慌てたように、同僚にアリバイ工作を依頼することになった。しかも、殺害を半ば打ち明けながら……。殺人当夜、自宅に近い池袋駅で偶然、同僚に遭ってしまったがために、彼は咄嗟にそんな愚かなことをした。

彼の背広は雨に濡れていた。しかし、その日、東京都心部には一滴の雨も降らなかった。同僚は不審に思い、その場で彼になぜ服が濡れているのか訊ねた。

すると、うかうかと要らないことまで喋ってしまったわけである。

殺人という異常な緊張を伴う行為の後で、軽躁状態だったのかもしれない。

同僚が後にその晩のことを警察に話すと、これが遺体発見の決め手となった。

師事していた教授の別荘がある鑓水は、女子大学院生が失踪した日に局地的な降雨に見舞われていた。この事実が、捜査陣を犯行現場へと導いたのだ。

遺体捜索開始から間もなく、被害者が失踪当日に履いていた真っ赤なハイヒールの左片方が教授の別荘の敷地で見つかり、捜査陣は快哉を叫んだ。

……が、このハイヒールの周囲では遺体が発見されなかった。

最終的に、刑事たちは臭いを頼りにしたそうだ。

検土杖といって土壌検査に用いる鋼鉄製の管がある。教授の別荘周辺にそれを突き刺してまわり、しらみつぶしに「臭い土」を探したのだ。

――死体が埋められた周囲の土は、バターが腐ったような悪臭を放つという。別荘ではなく、敷地からわずかに外れた山中が〝臭かった〟。

遂に発見されて掘り起こされたとき、遺体は胎児の格好に体を折り曲げられた上で、なぜか骨が折れるほどきつくナイロン製のロープでがんじがらめに縛られていた。

まるで動きを封じたかったかのように。

そして地面から五〇数センチの深さに埋まっていたその遺体は、夏の暑い盛りに殺されて、死後何ヶ月も経っていたにもかかわらず、屍蠟化して原形をとどめていたのだという。

彼女を殺した男――助教授は、殺害直後からさまざまな隠ぺい工作を試み、自首を勧める同僚らの声を拒みつづけてきたのだが、殺人から一ヶ月余りが経って、ついに彼の犯行は大学当局の知るところとなった。そして大学側から弁護士をつけてやるから自首せよと迫られるに及んで、ついに抵抗を断念、一家無理心中の計画を立てた。

その前に、事件後、妻が自殺未遂を図っていた。浮気相手が夫の教え子だということをつきとめて、密会現場に踏み込んだこともある妻だった。夫がしたことを察して、死のうとした可能性があった。彼も、罪から逃げ切れないとわかるに従って、妻と同じく死へと気持ちが傾いていったとみえる。

そのとき彼は三八歳で、妻は三三歳、子どもは六歳と四歳の姉妹だった。妻は心中に同意して姉に遺書を書き送っていたが、幼い娘たちにとっては災難で、親による子殺し以外の何物でもない。家族の遺体は、静岡県賀茂郡南伊豆町の海岸に揃って流れ着いた。検死の結果、四人は、九月四日に海岸付近の断崖から海に落ちて亡くなったことが明らかにされた。

この春、鐙水日影弁財天緑地を訪れたとき、青々と繁る杜を眺めながら、私は思った。余所から鐙水に来た女がまたしても殺される仕儀に陥ったわけだが、ここに来さえしなければ、彼女は助かったのではないか、と。

彼女の実家は山梨県にあり、しばらく前から病気療養のために帰省していたのだ。助教授を愛していなければ、呼び出しに応えることもなかった。しかし彼女はあなたの子どもを妊娠したと彼に告げていた。妻と別れて自分と結婚してほしいと迫ってもいた。

ワンピースのドレスで装い、赤いハイヒールを履いて、彼に逢いに来た。

……命が尽きてからも執念深く、土の中で女の形を保っていた。

《第五段》谷戸の葬列と赤い靴

考えてみると、小学四年生から片倉に住みだした私も、谷戸に侵入した余所者だ。彼の地で過ごした少女時代に、よく見た不思議な夢がある。

その夢では、私は絹の道を往く葬列を眼下に見下ろしながら宙を飛んでいるのだった。月影が明るい晩だ。秋の初めだろうか。いたるところで鈴虫が鳴いている。

満月の光を背にして、地上二〇メートルほどの高さをふわふわと飛びながら、私は葬式の行列を追っていた。

なんだか変わった葬式で、三〇人余りも行列した人々が全員、白い着物を身に着けている。

若い女が先頭の方で提灯を掲げている。たいへん整った面立ちを持っているが、緊張しきって目が吊りあがっているせいか、どことなく狐を想わせる。

その隣は厳めしいようすの坊さんで、この人だけが黒い衣を着て、袈裟を掛けている。

誰も遺影を持っていない。一輪の花も見当たらない、色彩のないお弔《とむら》いだ。

列のなかほどで男たちが棒に吊るした桶を担いでいるのだが、あの中に仏さまが納まっているに違いなかった。蓋が閉まっているから亡骸は見えない。

一同は、片倉の方から鑓水の奥に向かって絹の道を進んでいく。

やがて川のせせらぎが聞こえてきた。

鳥のように辺りを俯瞰している私の目は、すでに光る水面を捉えていた。川に映った月が眩しく輝いている。

あの光の中に墜落しそう。

なぜかそう予感して戦慄した途端に、先頭の女が私を見上げて口をパクパクと動かした。大声で何か言っているようだが、どういうわけか声が聞こえてこない。あの女は化け狐かもしれない、だから人語を喋る振りはできても言葉が発せられないんじゃないか。

そう思うのと同時に、私は川に映った満月めがけて流れ星のように堕ちはじめた。

——頭から水に突き刺さった途端に、いつも目が覚めた。

長らくあの夢を見ていないが、一〇代から二〇代にかけて、幾度となく繰り返し見たので、記憶は鮮明だ。

今思うと、いちばん前を歩いていた女は道了堂の浅井としで、としの叔母の浅井貞心の葬式の場面のようでもある。

——どうしても、嫁入り谷戸の伝説が想起されてしまう。

どこからか「女狐《めぎつね》、死すべし」と冷たく宣告する声が聞こえてくるようだ。

もしかすると、四六時中、道了堂で遊んでいた私も危ないところだったのかも……。

鑓水日影弁財天緑地の付近で怪異を体験した人がいるかもしれないと思い、地元の伝手を頼って根気強く探したところ、ひとりだけ見つけることができた。

死体遺棄現場跡から徒歩五分もかからない近場に、美術大学のキャンパスがある。

体験者は、そこに通う女子大生だ。彼女は件の事件について一切、知らなかった。

――二〇一九年の七月下旬、夏休みの直前に、キャンパスの近所を散策していて、入ったことのない路地を試しに歩いてみたら、先の方に緑の樹々が見えてきたのだという。

公園かもしれないと思ったのだが、そばまで行ってみたところ、日影弁財天と日影伏見稲荷という神社の杜だとわかった。

名は体を表すというが、日影というその御社と鎮守の杜は、暗い影に包まれていた。

暗いばかりではなく、夏だというのに辺りが妙にひんやりとしている。

鳥居の前の空気が冷たく、じっとりと沼地のような湿り気を帯びていて、濡れた毛布を被せられるような心地がした――少し肌寒いほどだ。

そんな馬鹿な、と彼女は思った。今は七月。ついさっきまで暑くて汗ばんでいたのだ。

何かがおかしいと気がついて、回れ右してキャンパスに戻りかけた。

しかしすぐに、後ろから誰かがついてくる気配を感じた。

足を止めて振り返ると、気のせいだったようで、歩く者の姿は見当たらなかった。その代わりに、変にめかしこんだ若い女が、さっきの鳥居の前に棒のように突っ立っていた。

こちらにじっと視線を向けているのだが、顔に表情というものがまるでない。

なんだか、ひどく薄気味悪い女だ。

彼女は黙って前に向き直り、その女に背を向けると、キャンパスを目指して足を速めた。

ところが、また誰か後ろからついてきた。今度は気のせいで済ませられない。なにしろ、タッタッタッと、背後に迫ってくる足音がはっきり聞こえてくるのだから。

咄嗟にあの女が追ってきたのだと予測した。ゾッとしながら振り返った。

――さっきの女は、依然として鳥居の前にいた。まったく動いたようすがなかった。

それを見て、一気にうなじの毛が逆立った。泡を喰ってキャンパスの方へ駆けだす。

すると、後ろの何者かも走りはじめた。

途中、足がもつれそうになったが、走りながら何度も振り返った。

何べん見ても、女は同じ場所に佇んでいて、微動だにしていなかった。

あの女からは遠ざかっているのに、足音だけが明らかに追いかけてくる。

彼女は転がるように必死で逃げた。最後に振り向いたのは、交差点のところで角を曲がるとき。路地はゆるやかにカーブしていて、鳥居の辺りはもう視界から消えていた。

「交差点は十字路で、この辺りから突然、景色が明るくなって、急に空気が爽やかになったのがわかりました」と彼女は私に説明した。

「でも、例の女がまだあそこに突っ立っていて、意識だけを飛ばして、私を追い掛けてきているんじゃないかって……。なぜかそう思えて、本当に怖かったんです。あの路地には二度と足を踏み入れないつもりです」

私は彼女に訊ねた。

「鳥居の前にいた女性の服装などは憶えていますか？」

「ごめんなさい。だいぶ前のことなので細かいところは……。普段着の雰囲気じゃなくて、よそ行きの印象で、レトロな感じのワンピースを着ていたような気がするんですけど、色も形も思い出せません。でも、ひとつだけはっきり記憶に残っていることがあります」

「なんですか？」

「はい。あの女の人は赤い靴を履いていました。たぶんハイヒールです。あのとき私は追いかけてくる靴の音から踵が尖ったハイヒールを想像していたので……。そのせいか、あのときのことを思い出すたびに、赤いハイヒールを履いた若い女が走っているイメージが頭の中に湧いてくるようになったんですよね……」

「映像を見るような感じですか？」

「はい。女が必死で駆けているんです。踵の高い赤い靴を履いて、転びそうになりながら」

※本書に登場した主な場所や事件の解説（本文で説明済みの場合を除く／順不同）

【高尾山】奈良時代に聖武天皇の勅令により高尾山薬王院が開山し、その後、南北朝時代に現在の本尊・飯縄大権現が修験道の霊山・信州の飯綱山から勧請されたことにより、高尾山もまた山伏修行の場となった。修行によって霊験を得た山伏は飯縄大権現の眷属である天狗と同一視され、高尾山薬王院では天狗の姿を随所に見かける。

行楽地としての高尾山は、富士信仰（富士道）を信心した庶民が高尾山から出発して霊山・富士を目指したことに端を発するとの説がある。登山やハイキングに適した観光地で、近年はパワースポットとしても人気。不思議な現象の報告例も多数あり、本書にも、たまたま訪れた高尾山で蛇の穢れが祓われた話を入れた。

【八王子城跡】北条氏照が一五七一年より築城開始、一五八七年に本拠とした一六世紀の山城の史跡。豊臣秀吉による小田原征伐の一環として、城主の氏照以下主要な家臣が不在の折に豊臣勢に攻められ、城代の横地監物ら将兵と領内の農民や婦女子約三〇〇〇人が合戦・自刃により死亡。落城から三日三晩、御主殿の滝の下流が血で赤く染まったという。

山頂には八王子の名の由来が伝えられる八王子神社、檜原村で切腹した横地監物を祀る横地社などもある。本書では八王子城跡の肝試し体験談や付近の民家で起きた怪異譚などを収録、妙行和尚と牛頭天王が登場する八王子縁起も紹介した。

【高尾みころも霊堂】産業災害殉職者の合祀・慰霊施設。一一階建ての金色の塔に納骨堂・祭祀室・拝殿などを配置、産業殉職者の遺骨を収蔵。「春の慰霊祭」「永代供養慰霊式」といった年間行事が行われているが、七月の黄昏どきに白衣の行列が参拝するいわれはない。

【富士森公園】一八九六年開園。八王子市を代表する市内最古の公園。八王子市民球場などを有し、八王子戦没者慰霊塔や浅間神社など見どころも多い。浅間神社の大正殿はかつて大正天皇多摩陵で行われた大喪の儀の祭場殿を移築したもの。また富士塚には古墳を利用して築いたとする説がある。本書では複数の話にさまざまな時代の富士森公園が登場する。

【御所水辨財天】八王子市民球場そばの交差点に立つ標柱が目印。かつて武田信玄の息女・松姫が愛でた湧水地がこの辺りにあった。弁財天の使い＝蛇が蚕の天敵である鼠を退治することから養蚕農家の信仰を集めた。宝暦二年（一七五二年）に建立された祠がある。

【産千代稲荷神社】御祭神は倉稲魂命（うがのみたまのみこと）。元は大久保長安の陣屋に奉られた鬼門除の守護神で、小門宿（小門町）の鎮守。境内で狐の親子に遭遇した女性が子宝に恵まれたという孤伝説にちなんで子授け稲荷とも呼ばれる。

【連続幼女誘拐殺人事件】一九八八年から一九八九年にかけて東京都北西部と埼玉県南西部で発生した連続殺人事件／劇場型犯罪。四歳から七歳の女児四人を次々に誘拐・殺害・死体遺棄。被害者遺族や新聞社に怪文書を送致、遺体を損壊するなど犯行の異常性が際立っていた。犯人の宮崎勤は八王子市美山町にて誘拐未遂で現行犯逮捕された後、自供。二〇〇六年に死刑確定、二〇〇八年に死刑執行。本書には、現行犯逮捕に関わった人の親族の証言などを収録した。

【なかよしこ線橋（旧学園踏切）】JR西八王子駅から徒歩一〇分の辺りにある中央線の跨線橋で学園踏切跡。本書では旧学園踏切付近の人身事故と地蔵に関する古いジンクスを、相即寺のランドセル地蔵の逸話と合わせて紹介した。

【助教授教え子殺人事件】一九七三年、私大助教授が不倫関係にあった教え子を殺害、死体遺棄の後に一家心中。遺体発見は翌一九七四年。最終章「谷戸の女」では当時の警察発表に基づく現場見取り図から死体遺棄現場を割り出しながら取材を進めたところ、新たな怪異の目撃者に辿り着いた。「ボーイスカウト・キャンプ」もこの事件に関連する話である。

【S病院旧病棟】別名・サマーランド裏病院。一九八九年に閉鎖した某病院の旧病棟が廃墟化、肝試しのメッカに……。現在は民間企業の私有地につき、絶対立ち入り禁止。

【旧八王子中央病院】一九九六年に経営破綻した総合病院跡。失踪した院長や患者の幽霊が出るとされて心霊スポット化していたが、現在は別の病院にリニューアル済である。

【准看護師死体遺棄事件】二〇一四年五月に大阪市の准看護師（29歳）の遺体が南大沢のトランクルームで発見された事件。犯人の女は大阪で同級生を殺害した後、遺体を人形と偽って宅配便で八王子に送付、被害者に成りすまして中国に逃亡。二〇一七年に日本に身柄が引き渡され、二〇二〇年に最高裁で無期懲役が確定した。

【道了堂跡】実家から近く、筆者のかつての遊び場として既刊の拙著に度々登場する場所。一九八三年に不審火で全焼した堂宇を撤去、九〇年に大塚山公園として整備された。詳しくは最終章「谷戸の女」を参照のこと。

【滝山城跡】桜とヤマツツジの名所で知られる都立滝山公園内の中世城郭跡。北条氏照の居城で、ここでも三度にわたって合戦があったとされている。この付近では不思議な現象に遭いやすいとされ、本書では滝山城跡に行こうとした少女たちが異界に入り込む。

【呼ばわり山】上川町にある標高五〇五・七メートルの山。山頂の今熊神社には、行方不明になった安閑天皇の宮妃を祈願で戻した故事が伝えられ、ここで失せ物の名を呼ぶと戻ると言われている。今熊神社から勧請した新田稲荷神社（相模原）の呼ばわり山には、惑星探査機・はやぶさが消息を絶ったときにＪＡＸＡ教授が発見祈願に訪れたという。

※主な参考資料

『呪われたシルク・ロード』辺見じゅん（角川書店）
『滅びゆく武蔵野　第二集　■特集／変貌する多摩丘陵と絹の道』解説・桜井正信／撮影・岡田沢治（有峰書店）
『災害と妖怪　柳田国男と歩く日本の天変地異』畑中章宏（亜紀書房）
『幻の相武電車と南津電車』サトウマコト（（株）230クラブ）
『八王子の歴史文化　百年の計（八王子市歴史文化基本構想）』八王子市教育委員会
『八王子の民俗』佐藤広（揺籃社）
『武蔵国多摩郡と由木の里の昔語り（改訂版）』石井義長（揺籃社）
『とんとんむかし』菊池正（東京新聞出版局）
『決戦！　八王子城　直江兼続の見た名城の最期と北条氏照』前川實（揺籃社）
『ガイドブック　八王子の戦跡』監修・齊藤勉　井上健（揺籃社）
『御朱印でめぐる中央線沿線の寺社 週末開運さんぽ』地球の歩き方編集室（学研プラス）
「高尾山報」平成29年12月1日　第647号
「朝日新聞」1974年3月1日発行・朝刊
PDF「八王子八十八景（パンフレット）」八王子市役所
PDF「江戸時代の浅川治水と八王子のまちづくり」鈴木泰（水資源・環境研究 Vol.27 No.2）
「霊気満山　高尾山　～人々の祈りが紡ぐ桑都物語～」八王子市役所
https://www.city.hachioji.tokyo.jp/kankobunka/003/takaosann/p026778.html
「八王子市の名前の由来」八王子市役所
https://www.city.hachioji.tokyo.jp/kankobunka/003/002/p005301.html
「ランドセル地蔵」総務省
https://www.soumu.go.jp/main_sosiki/daijinkanbou/sensai/virtual/memorialsite/tokyo_hachioji_city003/index.html

初出:「谷戸の女」ラジオアプリ・himalaya(2020年)の原稿に大幅に加筆修正

八王子怪談

2021年９月６日　初版第1刷発行
2022年９月25日　初版第4刷発行

著者……………………………………………………………………………川奈まり子
デザイン・DTP　…………………………………………荻窪裕司(design clopper)
編集………………………………………………………………中西如(Studio DARA)

発行人………………………………………………………………………　後藤明信
発行所…………………………………………………………………　株式会社 竹書房
〒102-0075　東京都千代田区三番町８－１　三番町東急ビル６F
email:info@takeshobo.co.jp
http://www.takeshobo.co.jp
印刷所……………………………………………………………　中央精版印刷株式会社